全面改訂

投資信託選びでいちばん知りたいこと

朝倉智也
Tomoya Asakura

ダイヤモンド社

はじめに

○人生100年時代に今から備えよう

私が代表を務めるモーニングスターは、投資信託（投信）を第三者の立場から評価する格付機関です。

『投資信託選びでいちばん知りたいこと』は、私が2006年に上梓した本で、2013年に情報を刷新した新版もあわせ、多くの方にご愛読いただいてきました。

「投信で資産運用を始めてみたいけれど、どの商品を選べばよいのかわからない」

という方のために、投信選びのポイントを極力わかりやすく解説することを試みた同書は、お読みいただいたたくさんの方から、

「初めて投信のことが理解できた」

「商品を選ぶうえでどこをチェックすればよいかわかった」

といった、うれしいお声を頂戴することもできました。

しかし新版を上梓したあと、投資信託を取り巻く環境は大きく変化しました。

２０１４年1月に**ＮＩＳＡ（少額投資非課税制度）**が誕生し、２０１７年1月には**ｉＤｅＣｏ（個人型確定拠出年金）**の加入対象者が拡大され、さらに２０１８年には**「つみたてＮＩＳＡ」**という制度もスタートしました。

これら政府の施策は、すべて**「貯蓄から資産形成へ」**の流れを後押しするためのものです。そして**これらの制度の対象である投資信託は、資産形成の主要な手段として認知度を高めることに**なりました。

またこの間、投資信託を取り扱う金融機関も環境の変化に見舞われました。

金融庁が、投資信託を販売する金融機関に対して**「顧客本位の業務運営（フィデューシャリー・デューティー）」**を厳しく課すようになったのです。

かつての投資信託の販売会社は、高い手数料の取れる投資信託を顧客に頻繁に売買させることが少なくありませんでした。残念ながら、たくさん手数料を払わされることで顧客が利益を出しにくい状況にあったのです。

しかし、金融庁がこの状況に強い問題意識を持って対策に乗り出したことで、このような販売方法は見直しが進み、手数料を抑えた長期資産形成に向く投資信託も続々と登場しています。これから資産形成に取り組む方々にとって、環境は大きく好転したといっていいでしょう。

○預貯金だけで老後資金の準備をすることは難しくなっている

もう一つの大きな変化は、**「人生100年時代」**を迎え、多くの方が資産形成の必要性を意識するようになったことです。

長生きは喜ばしいことですが、リタイア後の生活が想定より長くなれば、より多くの老後資金が必要になることは間違いありません。

厚生労働省の試算によれば、「65歳を迎えた日本人が90歳まで生存する確率」は1950年生まれの方なら男性の3人に1人、女性の5人に3人とのことです。

同様に、1990年生まれの方なら男性の5人に2人、女性の3人に2人は90歳まで生きる可能性があり、女性については5人に1人が100歳まで長生きする見込みなのです。

超低金利環境が長く続く中、預貯金だけで老後資金の準備をすることは難しくなっています。**「投資信託を活用して、時間をかけて資産形成をしてみたい」**という人が増えてきたのも当然のことでしょう。

このような変化をふまえ、**本書では投資信託選びで、今いちばんみなさんが知りたいこと、知っておくべきことを整理し直す**ことにしました。

CHAPTER1では、資産運用の意味合いや投資の基本的な考え方、特に「長期・分散・積立投資」の意義についてお話しします。

CHAPTER2では、あなたがどのくらいの利回りを目標にし、どのタイプの投信にどのくらいのお金を振り分けたらよいのかを考えていきます。投信選びを始める前に、「資産を何年間でいくらに増やしたいのか」をあらかじめ考えておくことはとても重要なことなのですが、この下準備をしっかり行っている投資家は驚くほど少ないのが現状です。あとになって見込み違いに気づいてあわてることのないよう、ここでしっかり考えておきましょう。

CHAPTER3、CHAPTER4では、個別の投信の選び方を見ていきます。ここでは、モーニングスターのスマートフォンアプリ「My投資信託」をフル活用します。読者のみなさん自身が、スマホで自分に適した投信を手軽に選べるよう心がけました。

投信は「買ったら買いっぱなし」というわけにはいきません。CHAPTER5では、投信を購入したあとで必要になる定期的なポートフォリオ（保有資産）の管理のポイントや売却のタイミングについて説明します。

投資信託選びの「教科書」として本書を存分に活用し、読者のみなさんの資産形成に役立てていただけることを願ってやみません。

２０２０年春

モーニングスター株式会社　代表取締役　朝倉智也

全面改訂　投資信託選びでいちばん知りたいこと●目次

CHAPTER 1

そもそも投資信託とは何か？

CHAPTER 2

投資信託選びの下準備をしよう

CHAPTER 3

スマホで簡単 投資信託はこう選ぶ!

CHAPTER 4

アクティブファンドは、どう選べばいいのか？

CHAPTER 5
購入後のポートフォリオ管理と売却はこうする

アイコン● 13ree.design / Boyko.Pictures / enterphoto / Kirill Mlayshev / Lijana22 / Treter / Shutterstock

CHAPTER

1

そもそも投資信託とは何か？

投資信託とは、どのような商品なのか？

近年、投資信託（投信）は資産形成の手段として、その名前を広く知られるようになってきました。

しかし名前の堅苦しさや仕組みのわかりにくさから、とっつきにくいと感じる方もいるようです。そこでまず、そもそも投信がどのような金融商品なのかをご説明したいと思います。

たとえば今、みなさんが10万円を運用することになったとしましょう。運用の手段として真っ先に思いつくのは何でしょうか？　おそらく「株式投資」と答える方が多いのではないかと思います。

しかし10万円という投資額では、株式は数銘柄しか買えません。

頑張って数名柄買ったとして、そのうち1銘柄でも大きく値下がりすれば10万円が大きく減ってしまいます。

安定的に資産を運用するには、より多くの銘柄に分散して投資すべきなのですが、株式投資だと分散が難しいというデメリットがあるわけです。

そこで、投信の出番です。

投信は、資産運用を専門とする会社が、個人から小口の資金を集めて合同運用する金融商品です。

投信では**「運用のプロ（ファンドマネジャー）」**が、集めた資金をさまざまな資産に投資して運用してくれます。

○少ない金額でも世界中の株式や債券などに分散投資できるのが魅力

投信の大きな魅力は、**少ない金額からでも購入可能で、世界中の株式や債券などのさまざまな資産に分散投資できる**点にあります。

多くの人から小口の資金を集めてまとめて運用するため、数十〜数千といった多くの銘柄の組み入れが可能なのです（図1－1）。

投信を購入した投資家は、運用による利益を投資した分に応じて受け取ることができます。

図 1-1 投資信託は世界中の
さまざまな国や地域、企業へ投資できる

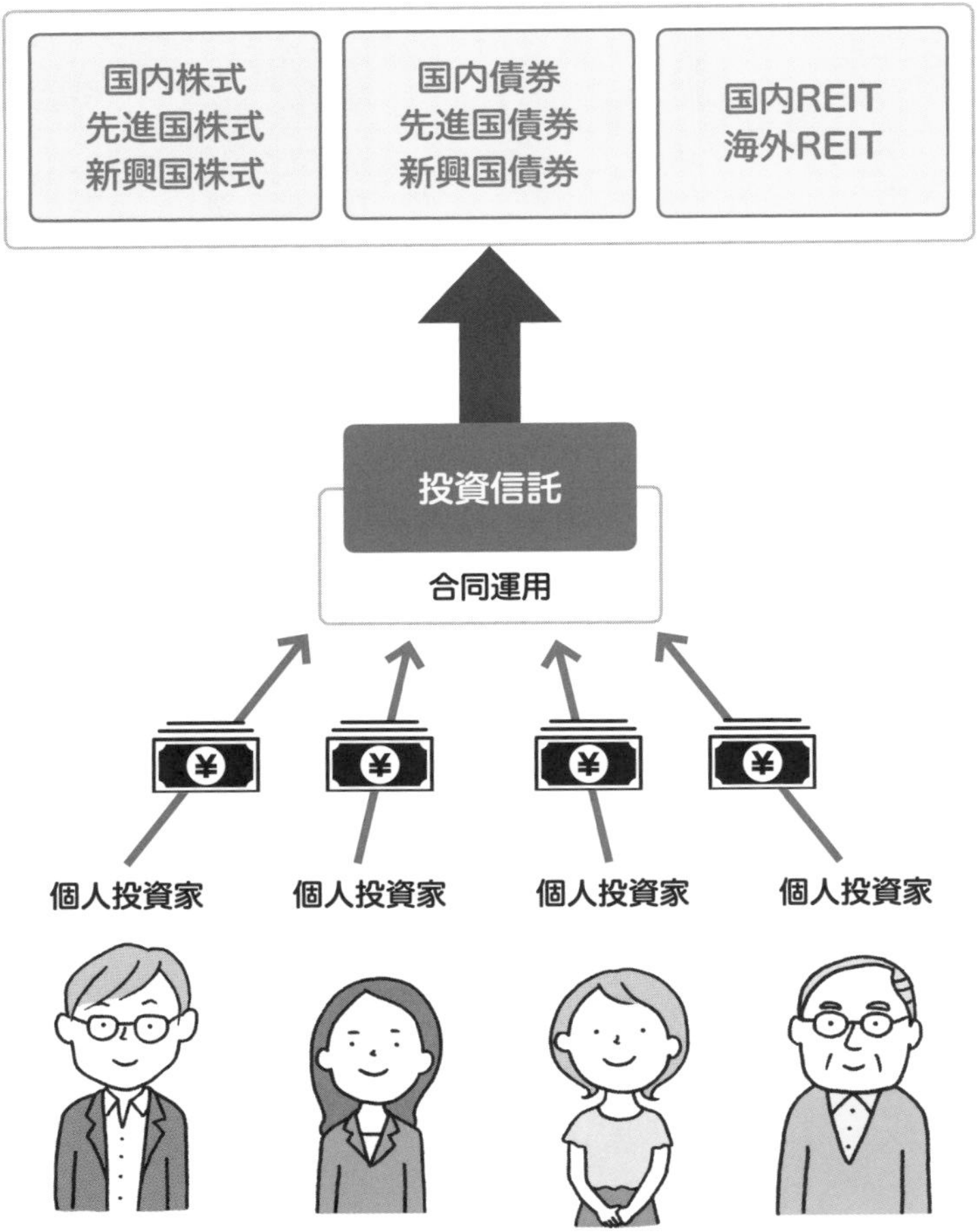

投資信託の中身は、どうなっているのか？

投信に組み入れられる主な資産には、株式と債券があります（図1－2）。

資産運用の中心となるのは、やはり株式です。株式投資では、投資家は企業が発行する株式を買います。

企業は投資された資金を使い、設備や事業などに投資して成長を目指します。企業が成長し株価が上昇すれば、投資家は値上がり益を得られるほか、保有する株式に応じて配当金が支払われ、利益が還元されることもあります。

債券は、世界への投資を考えていくうえでは重要な役割を持つ資産です。国や地方公共団体、企業などが投資家から資金を調達するために発行する有価証券で、国が発行するものは「国債」、企業が発行するものは「社債」といいます。

債券は利率、利払い日、満期日が決められており、投資家は定期的に決められた利子をもらえるほか、満期時には額面金額を受け取れる仕組みです。債券も市場で取引されてお

図 1-2 投信に組み入れられる主な資産には、株式と債券がある

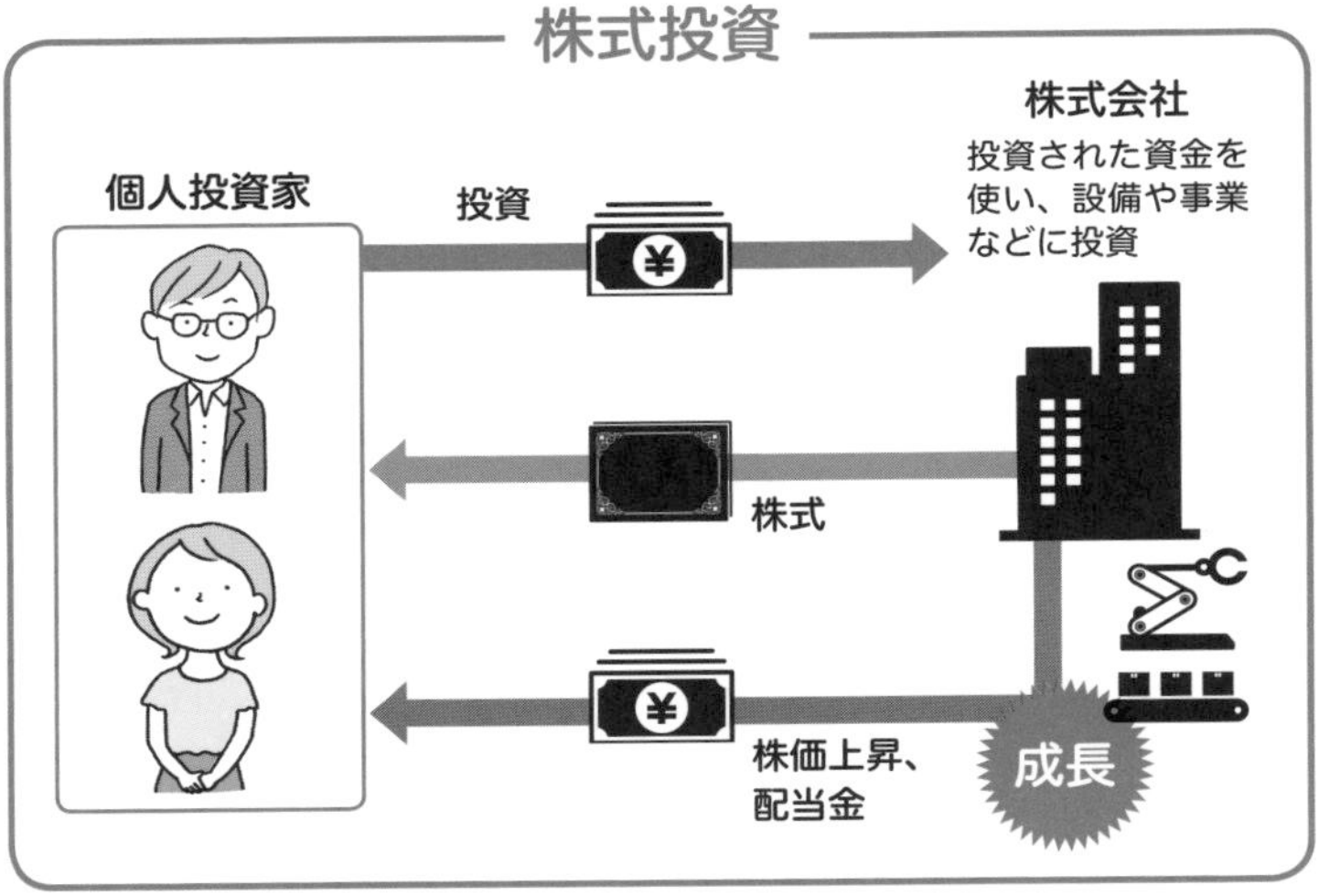

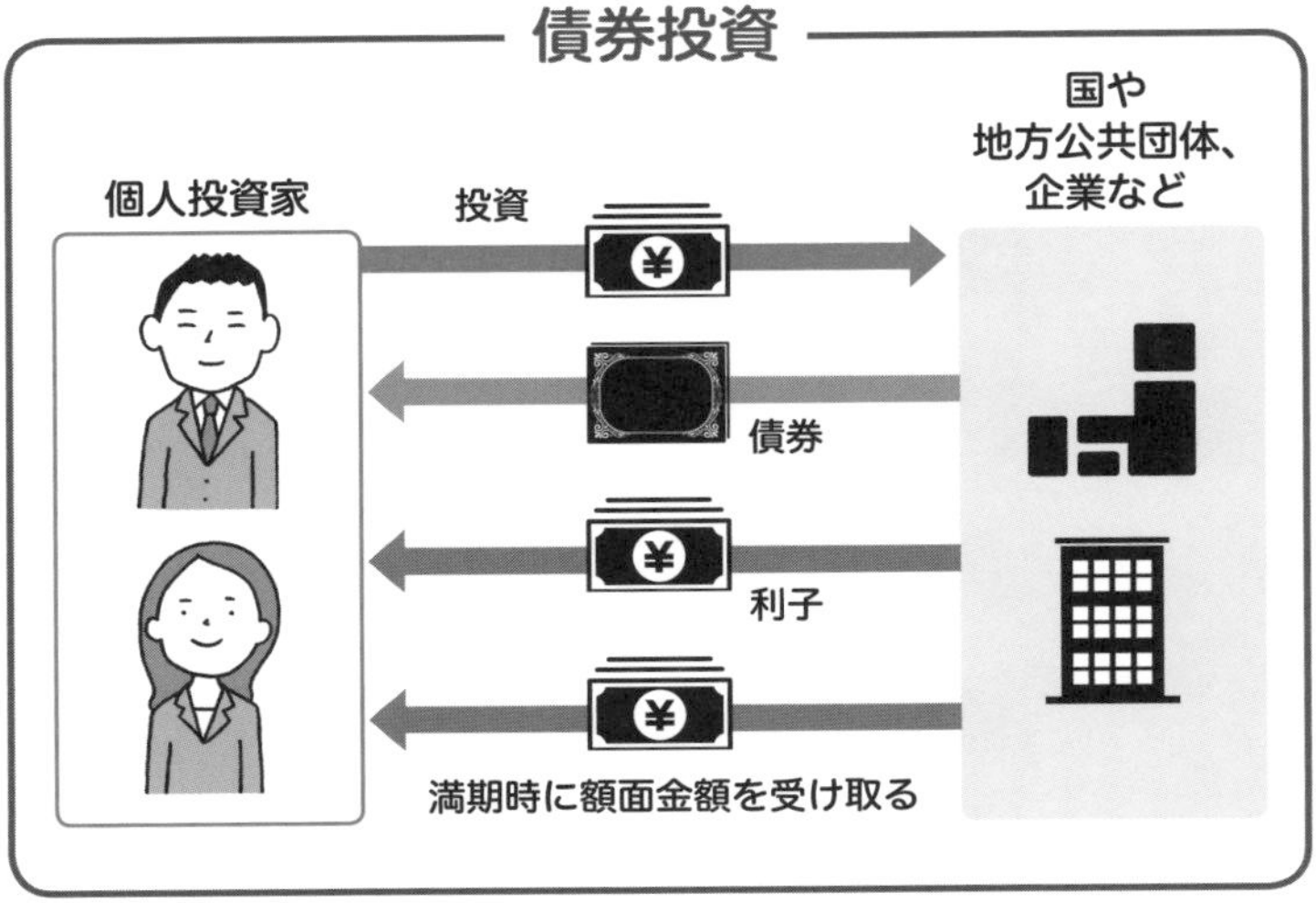

図1-3 **投信のもう一つの主な資産はREIT（不動産投資信託）**

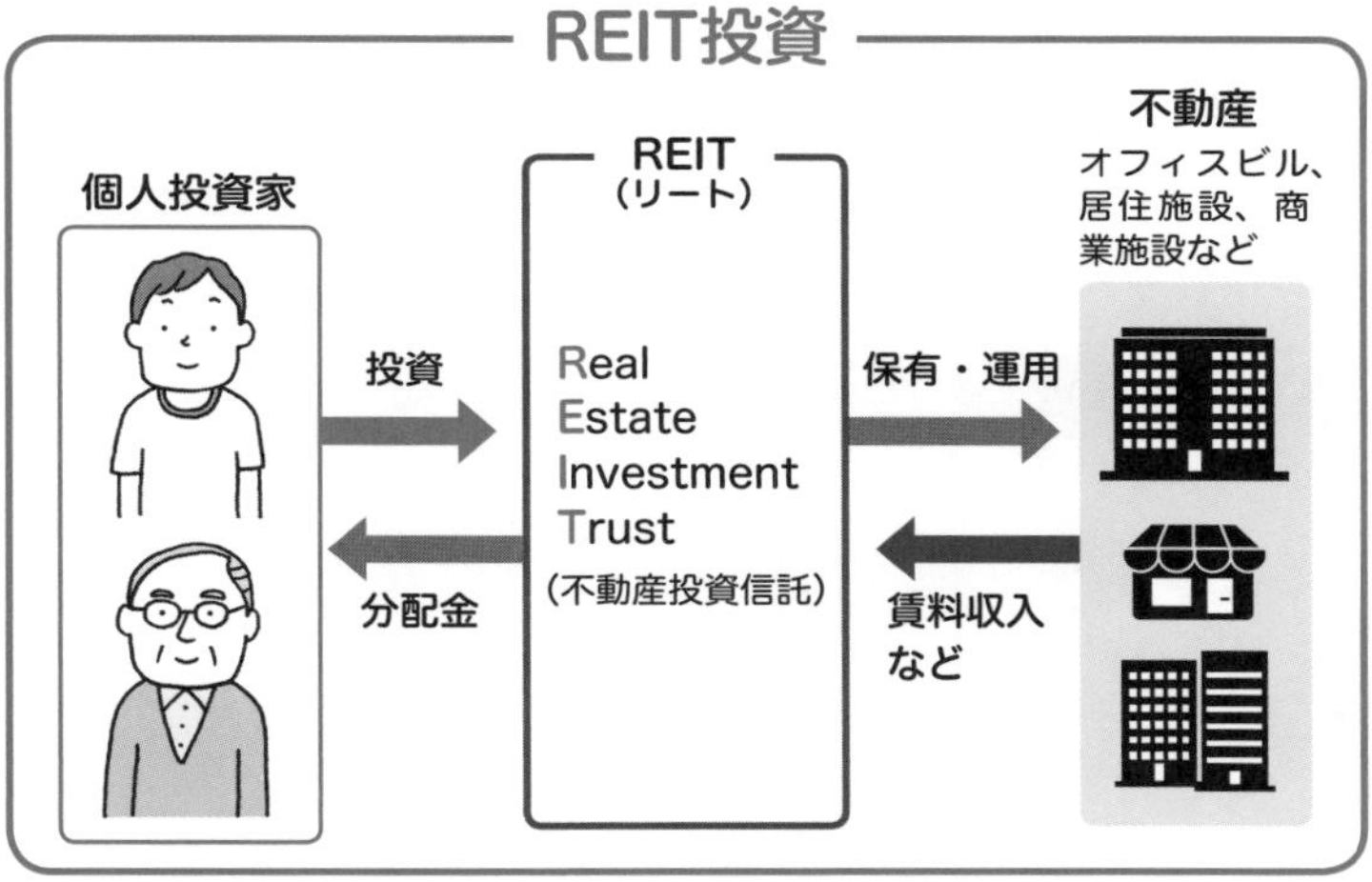

り、金利動向などにより価格が変動します。

このほか、投信に組み入れられる資産として知っておきたいものに「REIT《リート》（不動産投資信託）」があります。不動産を買うのは多額の資金が必要なうえ、物件の目利き力、不動産市場の動向などの情報収集も求められます。物件を購入すれば運営の手間もかかり、簡単とはいえません。

そこで、投資家から集めた資金でオフィスビルや商業施設など複数の不動産を買って運用し、賃貸収入や売買益を投資家に分配するのがＲＥＩＴです。

少額から購入可能で、不動産への投資を身近にする金融商品といえます（図１－３）。

運用会社は「投信のメーカー」

投信には**「運用会社」「販売会社」「管理会社」**が関わっています。

それぞれの役割を見ておきましょう。投信を作って運用を行うのは**「運用会社」**です。専門的な用語では、運用会社のことを「委託者」とも呼びます。一般には「○○アセットマネジメント」「□□投信」といった会社名が多く見られます。

投信を作ることを「設定」といい、新しく作られた投信は「新規設定ファンド」などと呼ばれます。投信の設定にあたり、運用会社はどのような資産を組み入れてどんな方針で運用するのかといったことを決めます。

つまり、投信の商品性を決めるのは運用会社なのです。運用会社は、投信の「メーカー」と考えるとわかりやすいでしょう。

運用会社が作った投信を投資家に売るのは**「販売会社」**の役割です。証券会社や銀行のほか、信用金庫やＪＡバンクなどが投信を取り扱っています。

投信を買う場合は、こうした身近な金融機関に「投資信託口座」を開設する必要があります。

○「運用」「販売」「管理」に関わる会社が破たんしても資産は守られる

投信に集まったお金は、信託銀行が**「管理会社」**となって保管しています。

わかりやすくいえば、投信の「保管倉庫」のようなものです。運用会社が投資を実行する際は、お金を保管している信託銀行に指図して売買してもらいます。

投信は、「運用」「販売」「管理」に関わる会社のいずれかが破たんした場合でも、資産が守られる仕組みになっています。販売会社や運用会社は、投資されたお金を管理しているわけではないので、仮に破たんしても投信の財産には影響がありません。

また、投信の財産を管理している信託銀行には、信託財産を信託銀行自身の財産とは区分して管理する「分別管理」が法律によって義務づけられています。

このため、仮に信託銀行が破たんしたとしても、投信の信託財産には影響がないのです。

つまり、あなたが投信を買ったとして、もしその会社が倒産したとしても、お金が消えてなくなることはありませんので大丈夫です。

投信の値段＝「基準価額」は、どうやって決まる？

株式投資では、ある銘柄の株価はその銘柄を買いたい人が多ければ上昇し、売りたい人が多ければ下落します。つまり、日々の株価を決めるのは需要と供給のバランスです。企業の本来の価値から考えると、株価が割高だったり割安だったりすることもあります。

一方、投信の値段である**「基準価額」**は、株価とは決まり方が大きく異なります。基準価額は、その投信が運用する資産全体の価値から計算されるものです。仕組みを詳しく見てみましょう。

最初に押さえたいのは、投信は「口」という単位で量を数えること、運用されているお金全体を「純資産総額」と呼ぶことです。投信の1口あたりの値段は、**「純資産総額÷総口数」**で計算できます。

基準価額として公表されるのは、1万口あたりの値段です。なお、新たに投信が設定されるときは、1口＝1円、基準価額1万円から運用が始まります。

○利益には「値上がり益」と「分配金」の2種類がある

シンプルな例で考えてみましょう。新規設定された投信をAさんが1万口（1万円分）、Bさんが4万口（4万円分）、Cさんが10万口（10万円分）購入し、集まった15万円で運用が始まったとします（基準価額は1万円）。ほかにだれもこの投信を買わず、1年後、運用により純資産総額が21万円に増えた場合、1口あたりの値段は「21万円÷15万口＝1・4円」で、基準価額は1万4000円となるわけです（図1－4）。

投信で得られる利益は2種類あります。1つは**「値上がり益」**です。先の例でいえば、Cさんが1年後に保有する10万口を売却すれば、売却額は14万円で4万円の値上がり益を得られます。

もう1つは**「分配金」**です。分配金とは、主に運用益を原資として運用資産の一部を投資家に配分するものです。投資家は、保有口数に応じて分配金を受け取ります。

たとえば先の例で「1万口あたり50円」の分配金が出た場合、Aさんは50円、Bさんは200円、Cさんは500円を受け取ります。なお、分配金の有無や分配の頻度は投信によって異なります。

図 1-4　投信の「純資産総額」「基準価額」とは

投信は「口(くち)」という単位で量を数える。運用されているお金全体を「純資産総額」といい、1口あたりの値段は純資産総額÷総口数で計算できる。

$$\frac{\text{純資産総額}}{\text{総口数}} = \text{1口あたりの値段}$$

POINT
- 1万口あたりの時価が「基準価額」として公表されている。
- 新しく投信が設定されて運用を始めるときは、1口＝1円、基準価額1万円からスタートする。

例

新しく「XXファンド」が売り出され、3人の投資家Aさん、Bさん、Cさんだけが購入したと仮定。Aさんが1万口(1万円分)、Bさんが4万口(4万円分)、Cさんが10万口(10万円分)を購入し、集まった15万円が運用により1年後に21万円になったら…

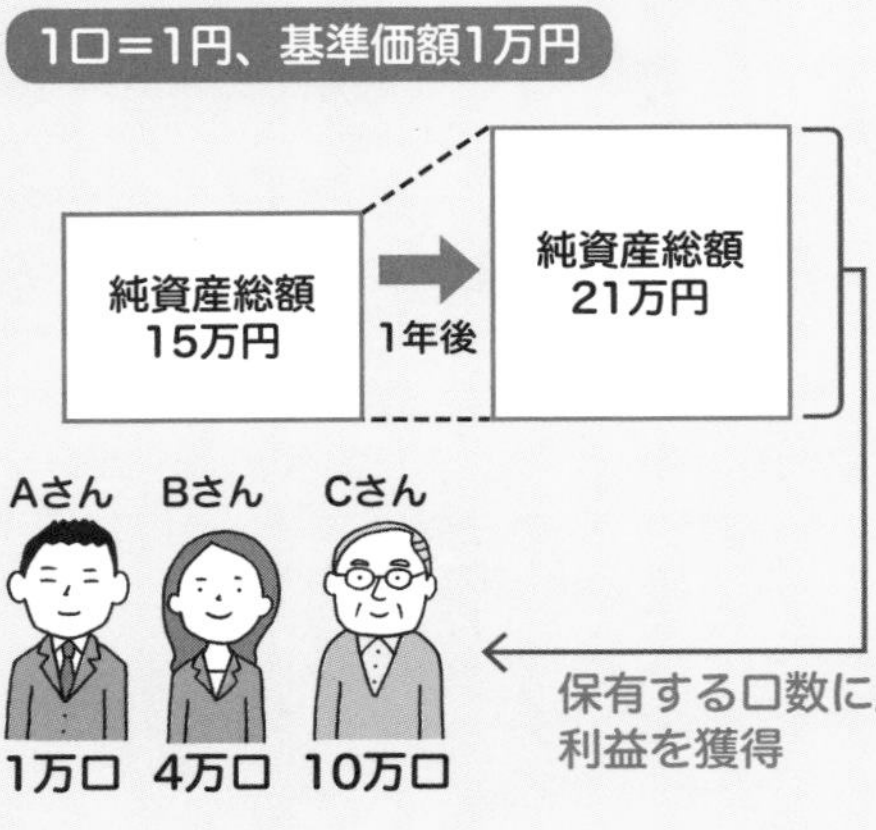
保有する口数に応じて

1口あたりの値段

$$= \frac{21万円}{15万口} = 1.4円$$

基準価額

＝14,000円

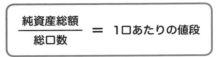

投資信託なら「投資の王道」を実践できる

投信は少額から手軽に買えるだけでなく、うまく活用すれば「投資の王道」を実践できるのが魅力です。ここでいう**「王道」とは、世界中のさまざまな資産にお金を投じ、世界全体から〝経済成長の果実〟を得ること**をさしています。

世界の国々は、絶えず経済が成長するよう努力を重ねており、これまでの歴史を振り返れば、大きな山や深い谷も経験しながら着実に経済成長を遂げてきました。

図１-５のグラフは、１９８０年～２０１９年の世界の名目ＧＤＰ（国内総生産）と世界の株式の時価総額の推移を示したものです。

ＧＤＰとは「一定の期間に、その国がどれくらい価値のある物やサービスを生み出したか（付加価値）」を示す数字で、「経済規模を表す金額」と考えるとわかりやすいでしょう。

データからは、世界全体のＧＤＰが基本的に右肩上がりに成長を続けていることが見て取れます。

○世界経済の成長に投資してお金を増やすのが「投資の王道」

そしてこの間の世界の株式の時価総額を見ると、1980年に2・5兆ドルだったものが、2019年には87・0兆ドル（約35倍）へと大きく上昇していることがわかります。

つまり世界の経済規模の成長に伴い、世界の株式市場も規模を拡大させてきたわけです。

このような成長の波に乗り、世界中の企業の株式や債券に投資することでお金を増やそうというのが「投資の王道」の考え方なのです。

もちろん、経済の成長は一時的に停滞することがあります。

また、国や地域によっても成長の速度は異なり、ときにはマイナス成長に陥る国があることも間違いありません。

しかし各国が努力し続けている以上、世界全体では長い目で見れば経済成長が続くと考えるのが自然ではないかと思います。

図 1-5　世界の名目GDPと世界の株式時価総額の推移

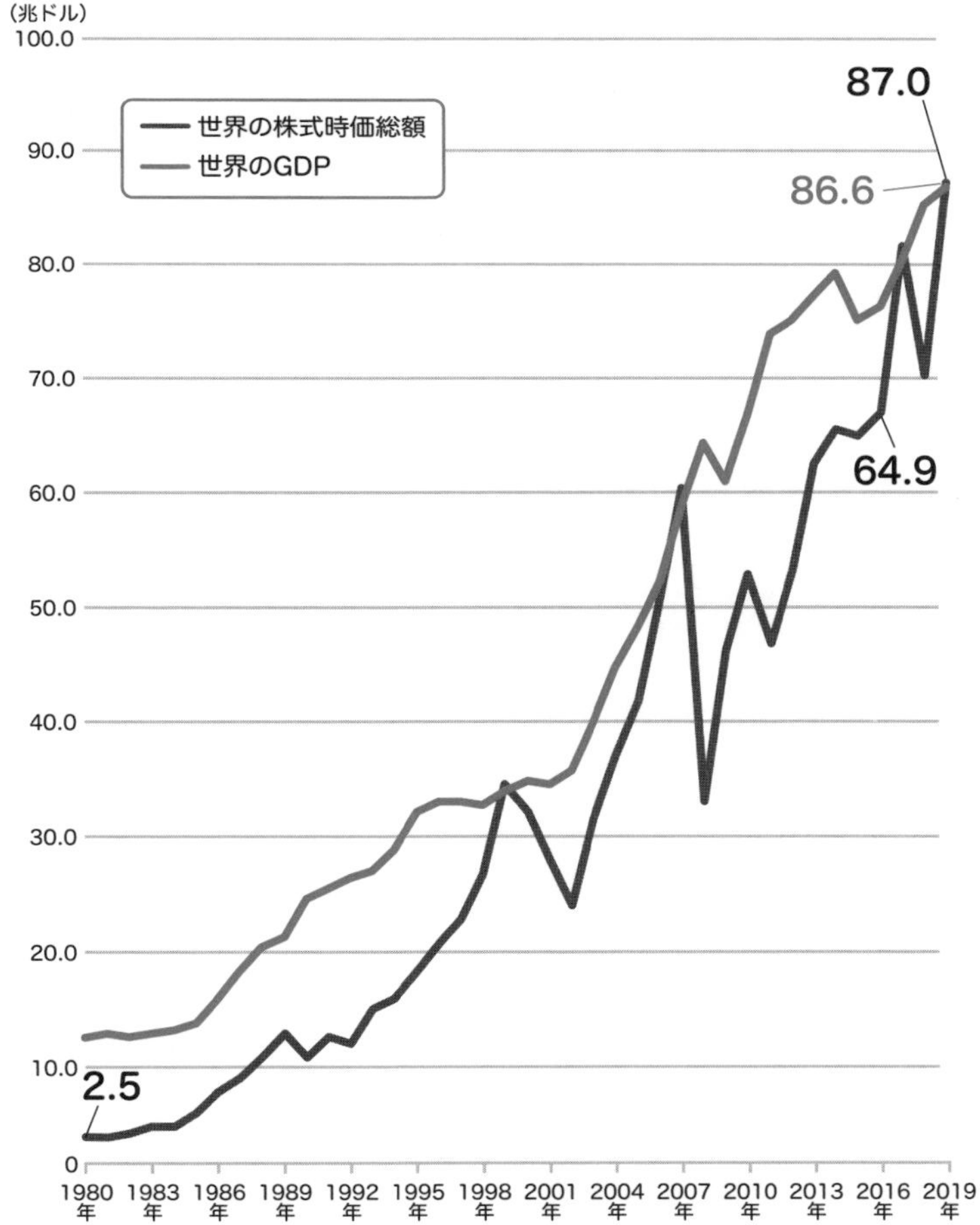

※期間：1980年～2019年(年次)　※世界のGDPの2019年はIMF予想　※世界の株式時価総額は2002年までは世界銀行、2003年以降は世界取引所時価総額
出所：GDPはIMF「World Economic Outlook Database (October 2019)」より、世界の株式時価総額は世界銀行統計及び世界取引所時価総額よりモーニングスター作成

長期・分散・積立投資でリスクを下げる

投資をしようかどうか決めかねている方の中には、**「リスクをとるのは嫌だ」**と考えている人もいるかもしれません。

一般にはリスクという言葉は「危険性」という意味で使われていますから「危ない目にあうのは避けたい」と思うのも無理はないでしょう。

しかし投資の世界では、リスクは「危ない」という意味ではなく、**「収益のブレ（振れ幅）」**のことをいいます。具体例を見てみましょう。

図１-６は、１９９９年11月～２０１９年11月の20年間のデータをもとに「各月末時点で国内株式、先進国株式、新興国株式、先進国債券に投資し、それぞれ１年間保有した場合の最大上昇率と最大下落率」を示したグラフです。

国内株式はＴＯＰＩＸ（東証株価指数）、つまり東証一部上場の全銘柄を対象として株式市場全体の値動きを示す指数で計算しています。

図 1-6　1年間の投資収益幅を比較すると……

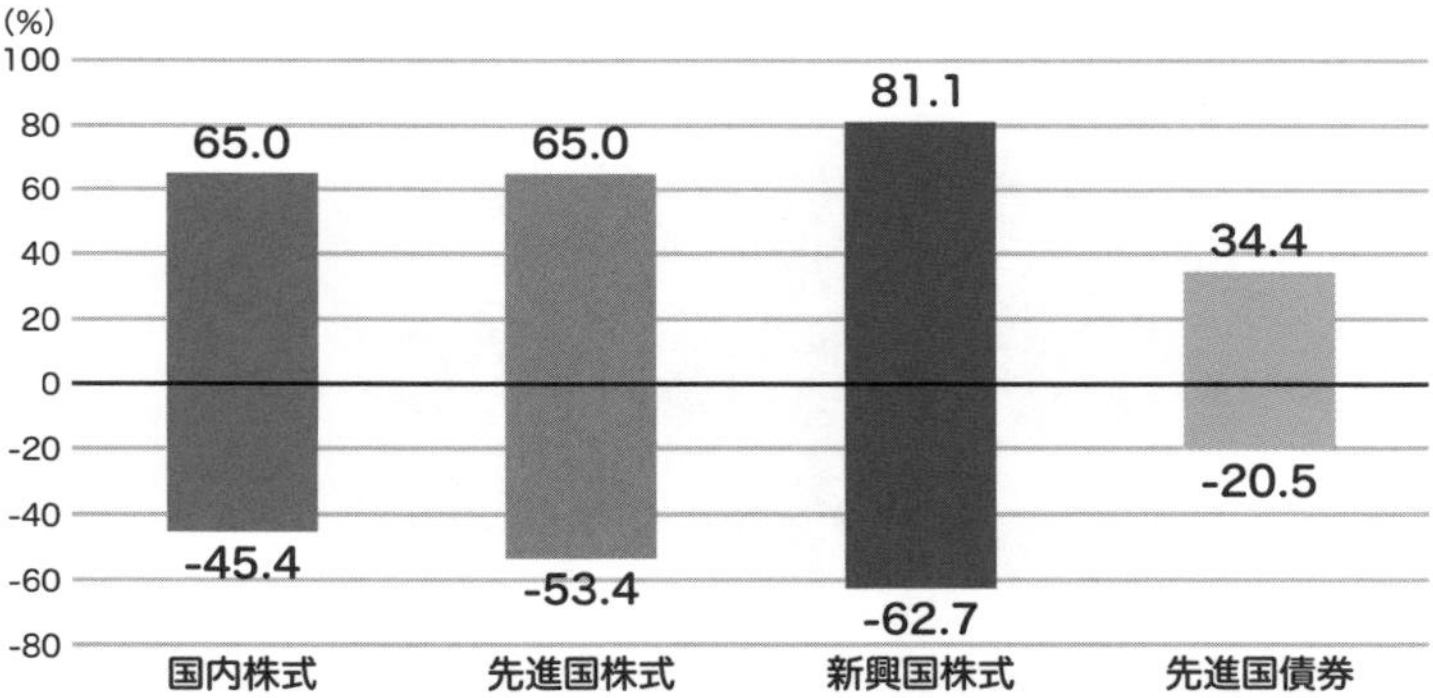

※データ参照期間：1999年11月〜2019年11月（月次）　※各月末時点までの1年間投資した場合の最大上昇率・最大下落率を表示　※国内株式＝TOPIX（配当込み）、先進国株式＝MSCIコクサイ・インデックス（配当込み、円ベース）、新興国株式＝MSCIエマージング・マーケット・インデックス（配当込み、円ベース）、先進国債券＝FTSE世界国債インデックス（除く日本、円ベース）　※円ベースのインデックス値は、各インデックスのドルベースの月末値×TTM（三菱UFJ銀行）の月末値で計算
出所：モーニングスター作成

たとえば過去20年間を振り返ると、あるタイミングでＴＯＰＩＸに価格が連動する投信に投資したＡさんは、1年で65・0％の利益をあげることができました。

しかし、別のタイミングで同じ投信に投資したＢさんは、1年でマイナス45・4％の損失を被ったわけです。

この例では、「ＴＯＰＩＸに連動する投信に投資した場合、過去のデータから最悪の場合は1年間で45・4％下落し、最善の場合は65・0％上昇すると考えられる」というのが、リスクの正しい認識です。

○「長期・分散・積立投資」ならリスクを抑えられる

グラフからは、リスクが大きければ期待できるリターンが大きくなること、先進国株式より新興国株式のほうが価格のブレが大きくリスクが高めであることなどもわかるでしょう。

これは投信に限らず金融商品すべてにいえることですが、原則として**リスクとリターンは表裏の関係**にあります。

銀行預金のように、値動きがなくリターン（利息）が一定の金融商品は「リスクゼロ」ですが、それより高いリターンを目指すならリスクをとる必要があるわけです。

リスクが低い商品を選べば期待できるリターンも低くなり、高いリスクをとる商品でしか高いリターンは期待できません（図1-7）。

この原則をふまえたうえで、「リスクを抑える運用方法」を知って実践することが大切です。**「リスクを抑える運用方法」**とは一言で言えば、**「長期・分散・積立投資」**です。

金融庁も「投資のリスクを可能な限り軽減しつつ、安定的な資産形成を行うためには、長期の積立・分散投資が有効」としていますから、「長期・分散・積立投資」は金融庁お墨

図 1-7　**金融商品の期待収益の構造とは**

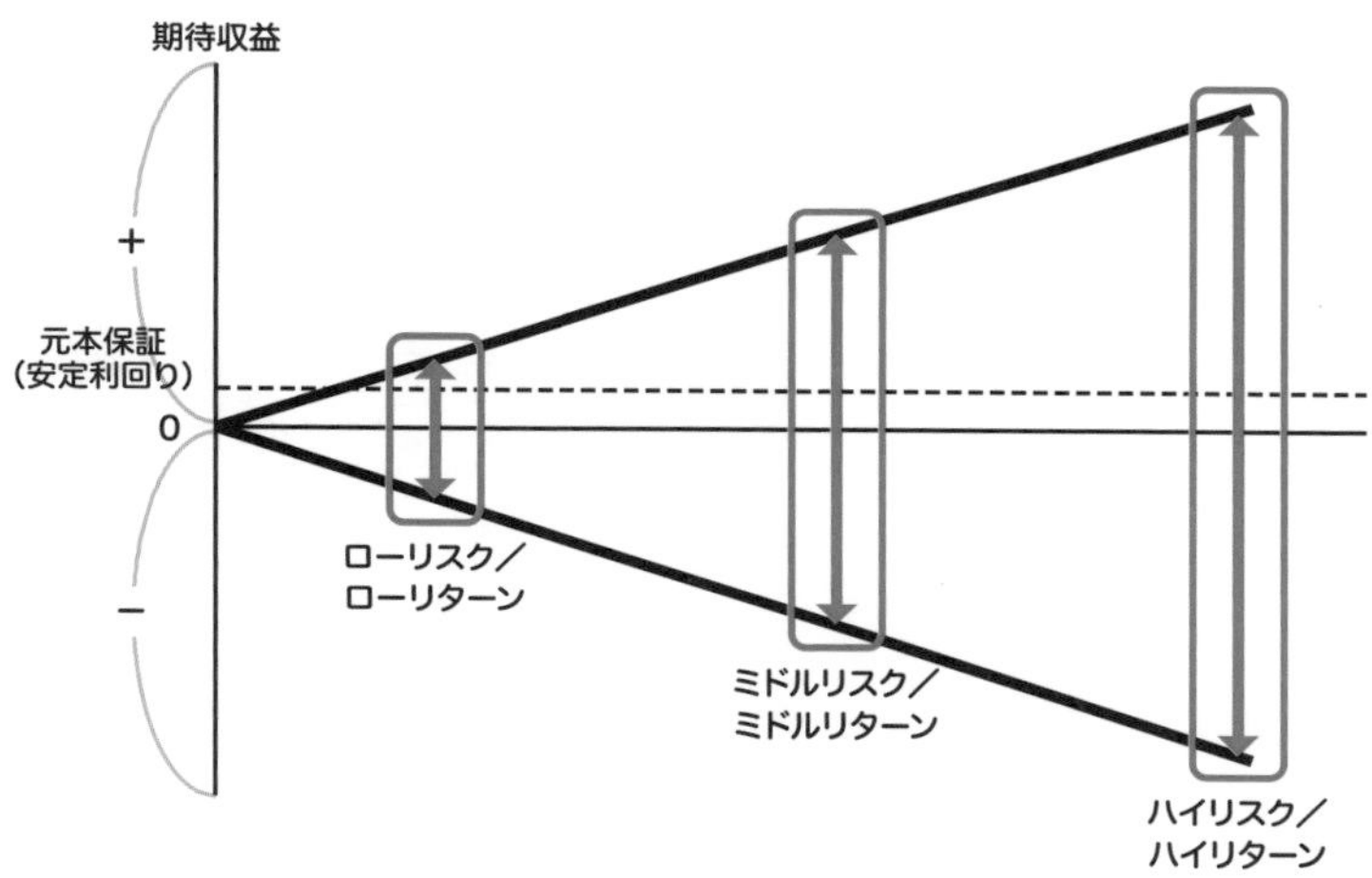

付きのやり方だといってよいのではないかと思います。

それでは「長期投資」「分散投資」「積立投資」について、順に見ていきましょう。

運用期間を長くするほど、リスクは低減する

まず**「長期投資」**についてですが、過去のデータからは、**投資では運用期間が長ければ長いほど価格のぶれ幅が小さくなる**ことがわかっています。

たとえば図1－8は、先ほどと同様に各月末時点でそれぞれの資産に投資したケースで「1年間」「5年間」「10年間」保有した場合の最大上昇率と最大下落率を示したものです。

先進国株式に投資した場合、運用期間1年では投資収益のブレは118・4％（65・0％＋53・4％）です。

これが5年間保有すれば、ブレは33・8％まで小さくなり、10年間保有すると17・9％まで縮小するのです。

つまり運用期間を十分に長く取れば、リスクを抑えて安定的な収益を目指せるわけです。**運用は最低でも5年、できれば10年以上の期間をかけ、できるだけ長く続けていくことがリスクを抑えるカギ**になります。

図1-8 長期投資でリスクを低減できる

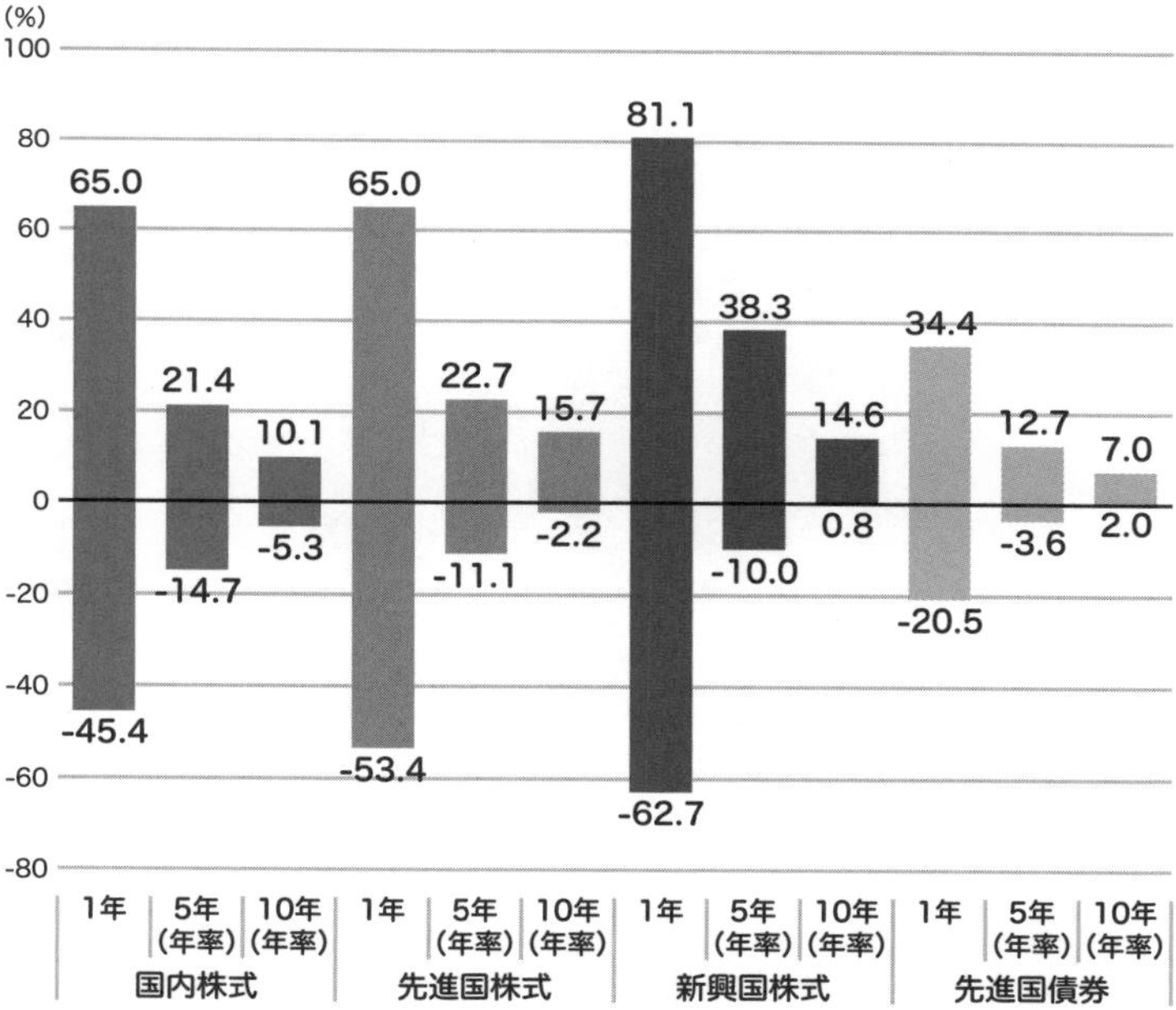

※データ参照期間：1999年11月〜2019年11月（月次）　※各月末時点までの1・5・10年間投資した場合の最大上昇率・最大下落率を表示　※国内株式＝TOPIX（配当込み）、先進国株式＝MSCI コクサイ・インデックス（配当込み、円ベース）、新興国株式＝MSCIエマージング・マーケット・インデックス（配当込み、円ベース）、先進国債券＝FTSE世界国債インデックス（除く日本、円ベース）　※円ベースのインデックス値は、各インデックスのドルベースの月末値×TTM（三菱UFJ銀行）の月末値で計算
出所：モーニングスター作成

値動きの異なる資産を組み合わせることでリスクを抑える

「分散投資」がリスクを低減させるのは、国内外の株式や債券はそれぞれに値動きが異なり、たとえば国内株式が上昇するときには国内債券の価格が下落しやすいといった傾向があるためです。

値動きが異なる資産を併せ持つと、ある資産の価格が下がったときにほかの資産の価格上昇で補う効果が期待できます。このため、資産を分散させることは保有資産全体の**「価格のブレ＝リスク」**を抑えることになるわけです。

なお、さまざまな資産に分散する際、株式のようにリスクが高い資産の割合を高めれば保有資産全体のリスクは高まり、逆に債券のようにリスクが低い資産の割合を高めれば保有資産全体のリスクは低くなります。

分散投資の重要性は、資産別の年次リターンを見るとよく理解できます。

○リターンが最も高い資産のカテゴリーは、毎年のように入れ替わる

図１‐９は、「国内株式」「先進国株式」「新興国株式」「国内債券」「先進国債券」「新興国債券」「国内リート」「先進国リート」の８つの資産について、２００４年～２０１８年までを対象とし、「その年に各資産に投資をした場合、リターン（収益率）が高かった順番」に並べたものです。

たとえば２０１８年についてみると国内リートのリターンが最も高く、これに投資すれば、年11・１１％で運用できたことがわかります。

表の見方がわかったところで、改めてデータを見てみてください。すぐに気づくのは、**リターンが最も高い資産が毎年のように入れ替わっている**ことです。

たとえば８つの資産のうち、２０１７年に最もリターンが高かったのは新興国株式で、33・６３％でした。

しかし２０１８年には新興国株式のリターンはマイナス15・７６％で、８資産中７位になっています。

また２０１５年に12・０６％のリターンでトップだった国内株式は、翌年には０・

図 1-9　資産別の年次リターン

2004年	国内リート 31.89%	先進国リート 30.12%	新興国株式 22.52%	先進国株式 12.06%	国内株式 11.34%	先進国債券 9.17%	新興国債券 8.58%	国内債券 1.31%
2005年	新興国株式 52.44%	国内株式 45.23%	先進国リート 25.60%	新興国債券 24.91%	先進国株式 22.64%	国内リート 12.08%	先進国債券 8.26%	国内債券 0.75%
2006年	先進国リート 40.77%	新興国株式 33.72%	国内リート 28.83%	先進国株式 23.69%	新興国債券 10.83%	先進国債券 9.94%	国内株式 3.02%	国内債券 0.21%
2007年	新興国株式 34.00%	先進国債券 6.84%	先進国株式 6.62%	国内債券 2.66%	新興国債券 1.73%	国内リート -3.05%	国内株式 -11.11%	先進国リート -15.95%
2008年	国内債券 3.40%	先進国債券 -16.95%	新興国債券 -29.85%	国内株式 -40.62%	国内リート -48.63%	先進国株式 -53.39%	先進国リート -56.88%	新興国株式 -62.67%
2009年	新興国株式 81.13%	先進国リート 37.53%	先進国株式 35.62%	新興国債券 31.34%	国内株式 7.62%	国内リート 6.24%	先進国債券 5.77%	国内債券 1.40%
2010年	国内リート 34.12%	先進国リート 7.45%	新興国株式 5.46%	国内債券 2.44%	国内株式 0.96%	新興国債券 -0.69%	先進国株式 -0.91%	先進国債券 -11.30%
2011年	新興国債券 2.41%	国内債券 1.87%	先進国債券 0.77%	先進国リート -1.43%	先進国株式 -8.40%	国内株式 -17.00%	新興国株式 -21.94%	国内リート -22.18%
2012年	国内リート 41.02%	先進国リート 37.48%	新興国株式 32.12%	新興国債券 30.79%	先進国株式 30.70%	国内株式 20.86%	先進国債券 19.33%	国内債券 1.86%
2013年	先進国株式 55.04%	国内株式 54.41%	国内リート 41.12%	先進国リート 24.46%	先進国債券 22.92%	新興国株式 18.97%	新興国債券 15.33%	国内債券 1.99%
2014年	先進国リート 42.15%	国内リート 29.68%	新興国債券 22.88%	先進国株式 21.69%	先進国債券 16.76%	新興国株式 12.31%	国内株式 10.27%	国内債券 4.25%
2015年	国内株式 12.06%	先進国リート 1.81%	新興国債券 1.23%	国内債券 1.07%	先進国株式 -1.17%	先進国債券 -4.80%	国内リート -4.84%	新興国株式 -14.56%
2016年	国内リート 9.86%	新興国株式 7.79%	新興国債券 6.39%	先進国株式 4.98%	国内債券 2.97%	先進国リート 2.67%	国内株式 0.31%	先進国債券 -3.42%
2017年	新興国株式 33.63%	国内株式 22.23%	先進国株式 19.26%	新興国債券 6.95%	先進国リート 6.17%	先進国債券 5.20%	国内債券 0.18%	国内リート -6.79%
2018年	国内リート 11.11%	国内債券 0.95%	先進国債券 -3.68%	新興国債券 -5.95%	先進国リート -7.50%	先進国株式 -9.41%	新興国株式 -15.76%	国内株式 -15.97%

※以下のインデックス値に基づく年間リターン　※国内株式＝TOPIX（配当込み）、先進国株式＝MSCIコクサイ・インデックス（配当込み、円ベース）、新興国株式＝MSCIエマージング・マーケット・インデックス（配当込み、円ベース）、国内債券＝NOMURA－BPI総合指数、先進国債券インデックス＝FTSE世界国債（除く日本、円ベース）、新興国債券＝JPモルガン・ガバメント・ボンド・インデックス-エマージング・マーケッツ・グローバル・ディバーシファイド（円ベース）、国内リート＝東証リート指数（配当込み）、先進国リート＝S&P先進国リート指数（除く日本、配当込み、円ベース）　※円ベースのインデックス値は、各インデックスのドルベースの年末値×TTM（三菱UFJ銀行）の年末値で算出

31%のリターンで7位に沈み、さらに次の年（2017年）には22・23%で2位となっています。

このような相場の動きを事前に予測することは不可能です。

「そのときどきで高いリターンが狙える資産に投資しよう」と考えて相場をあと追いすれば、結局、目も当てられないような運用成績で資産を減らしてしまうことになるでしょう。

だからこそ、「次にどんな資産の価格が上昇し、どんな資産の価格が下落するのかは予測できない」という前提に立ち、どの資産が上昇してもよいように、幅広く世界の資産に投資する**「分散投資」**が大切なのです。

目先の価格が下がるものも上がるものも、とにかく**幅広く買っておけば、トータルで「世界経済の成長」という〝果実〟を狙うことができます。**

積立投資なら、買付価格を平準化できる

「積立投資」とは、「毎月3万円」というように定時定額で投資をすることです。

積立投資をすると、価格が高いときは少なく、価格が安いときには多く買うことになります。このように**投資のタイミングを分散する投資法を「ドル・コスト平均法」**と呼びます。**ドル・コスト平均法には、平均購入価格を平準化する効果**があります。

具体例で見てみましょう。図1－10をご覧ください。

たとえば、ある投信を「毎月1万円ずつ」積立投資するとして、基準価額が1万円、5000円、1万2500円、8000円、1万6000円と変動したケースを考えてみましょう。

最初の月は基準価額が1万円なので、買える口数は1口です。その次の月は、基準価額が下がって5000円になったので、1万円で2口買うことができました。続いて3カ月目は基準価額が1万2500円に上がったので、1万円で買えた口数は0・8口でした。

図 1-10 定額投資による積立投資なら平均購入単価を抑えられる

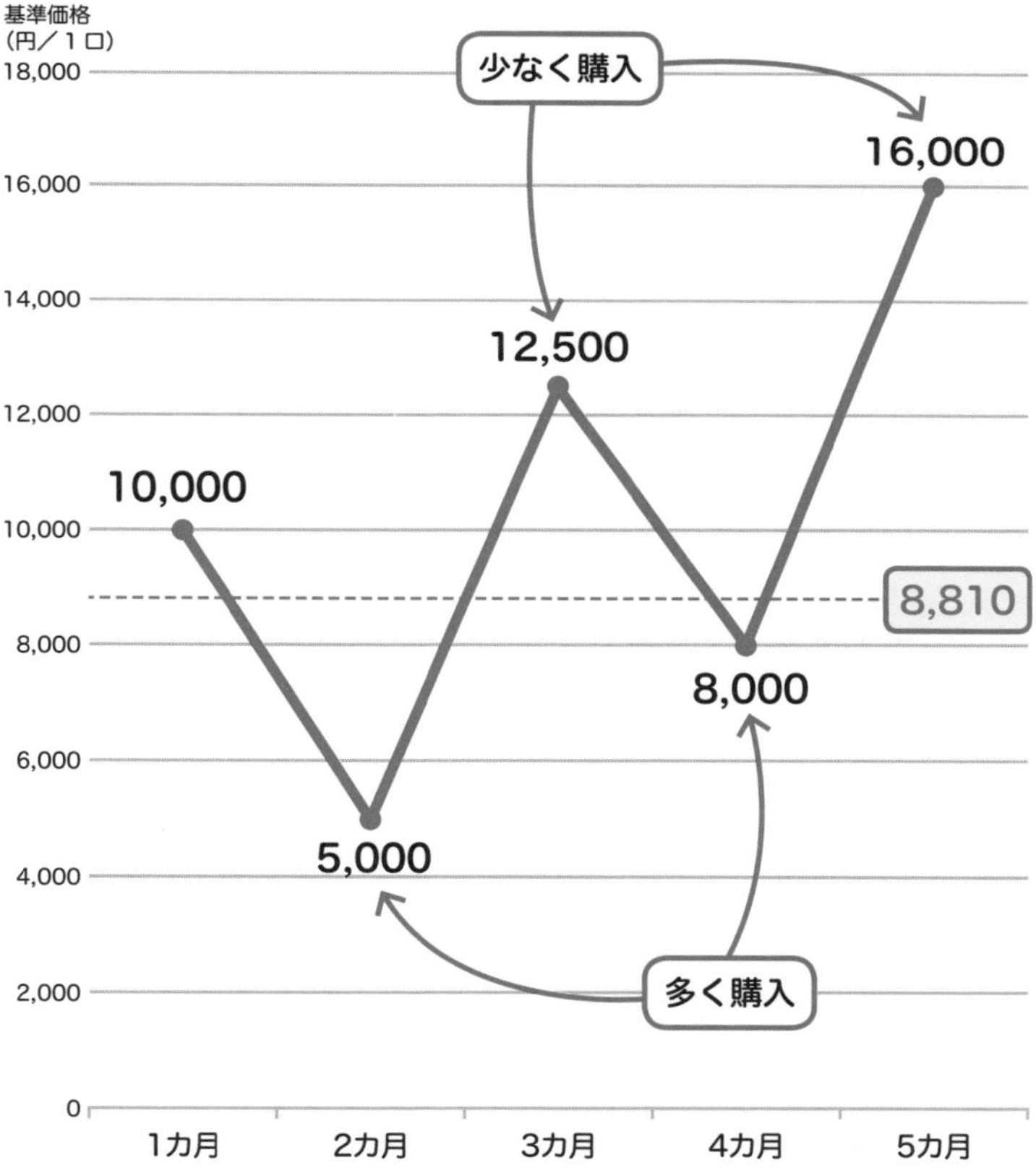

1口あたりの基準価額		10,000円	5,000円	12,500円	8,000円	16,000円	合計	1口あたりの平均投資額
毎月1万円ずつ購入した場合	投資金額	10,000円	10,000円	10,000円	10,000円	10,000円	50,000円	8,810円
	投資口数	1口	2口	0.8口	1.25口	0.625口	5.675口	

4カ月目は、基準価額が8000円に下がったので、1万円で1・25口。そして5カ月目には、基準価額が1万6000円に大きく上昇したので、1万円で買えたのは0・625口となりました。

この場合、投資額は5万円で、買えた口数は5・675口となります。1口あたりの平均投資額は、「5万円÷5・675口≒8810円」です。

○「一定額ずつ」買う方法なら効率的に「口数」を増やすことができる

一方、もし「毎月1口ずつ」を買い続けた場合は、「1万円＋5000円＋1万2500円＋8000円＋1万6000円＝5万1500円」を投資することになり、買える口数は5口。1口あたりの平均投資額は「5万1500円÷5口＝1万300円」になります。

こうして具体例を見るとわかるように、**「一定額ずつ」買う方法では、1口あたりの基準価額が安いときには口数を多く買い、高いときには少なく買うことにより、効率的に「口数」を増やすことができる**のです。

この例を見ると、「価格が5000円のときに5万円分を買うことができればいちばんよいのでは？」と思うかもしれません。

しかし値動きのある運用商品を買う場合、いつが「お買い得」なのかを見極めるのは非常に難しいものです。

「今こそ安値だ、たくさん買っておこう」と思っても、そこからさらに値下がりすることも十分に考えられます。

そして、そのような〝賭け〟をしようとすれば、「今は買うべきか、買うべきではないのか」などとつねに頭を悩ませることになるでしょう。

投信を効率よく買うには、**「機械的に一定額ずつ買う」のが最も合理的な方法**といえます。

「量」を増やすことを考えれば、値下がりはうれしい

投資で利益を出すには「安く買って高く売る」ことが必要です。このため、多くの人は「投資の成果は、買ったものの価格が上がるか下がるかで決まる」と考えます。

しかし、投信の積立で成績を決めるのは、実は基準価額だけではありません。カギを握るのは**口数**、つまり**「量」**なのです。図1－11をご覧ください。

たとえば、投信の基準価額が1万円のときに100万円を一括投資したとします。この場合、買えたのは100口で、あとは売却時に基準価額が1万円を超えるかどうか、つまり「価格」だけが投資の成績を左右することになります。

一方、同じ100万円を投資するのでも、定期的に1万円ずつ100回に分けて積立投資をした場合はどうでしょうか？

積立投資なら効率的に量（口数）を増やすことができます。1万円のときは1口、8000円のときは1・25口、7000円のときは1・42口、5000円のときは2口

図 1-11 定時定額の積立投資で
量（口数）を増やすことを考える

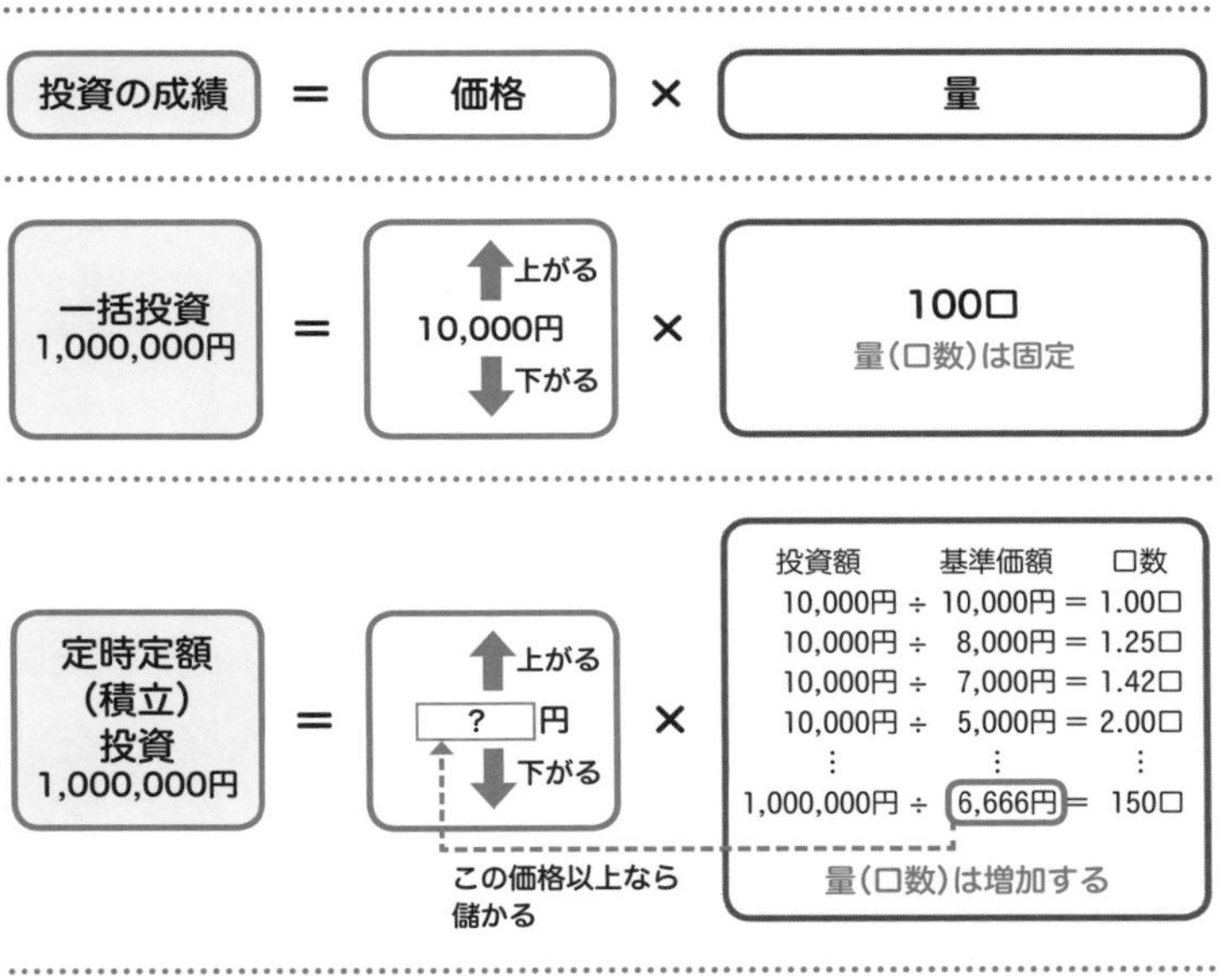

……というように１００回に分けて積み立てていって、最終的に１５０口買えた場合、１口あたりの平均買付価格は６６６円となります。

「量」をうまく増やしたことにより、「価格」が６６６円以上なら利益が出る状態になるのです。

○値下がりすればするほど「量」を多く買える

積立投資をしている期間には、基準価額が下がり、運用中の資産額が積み立てた投資額を下回る時期もあるものです。しかし、値下がりしたからといって「投資なんてやめておけばよかった」と考え、売却してしまうのは残念な行動といえます。

図1－12を見てみましょう。

これは投信の基準価額1万円のときに運用をスタートし、その後7年間、基準価額が下がり続けて２０００円まで下落したあと、運用10年目で５０００円まで回復したケースです。

この場合、基準価額1万円のときに１２０万円を一括投資すれば、10年後の運用資産は半値の60万円になってしまいます。

一方、この10年間、毎月1万円ずつ総額１２０万円を積立投資した場合、平均買付単価を４３１０円に抑えられ、運用成果は１３９万円。プラス16％の利益が得られるのです。

この運用成果は、**値下がりすればするほど「量」を多く買えるという積立投資の効果**によるものです。基準価額が1万円から２０００円へと下落し続ける間、積立投資を継続し

図 1-12 値下がりは「安い値段で口数を増やせるチャンス」

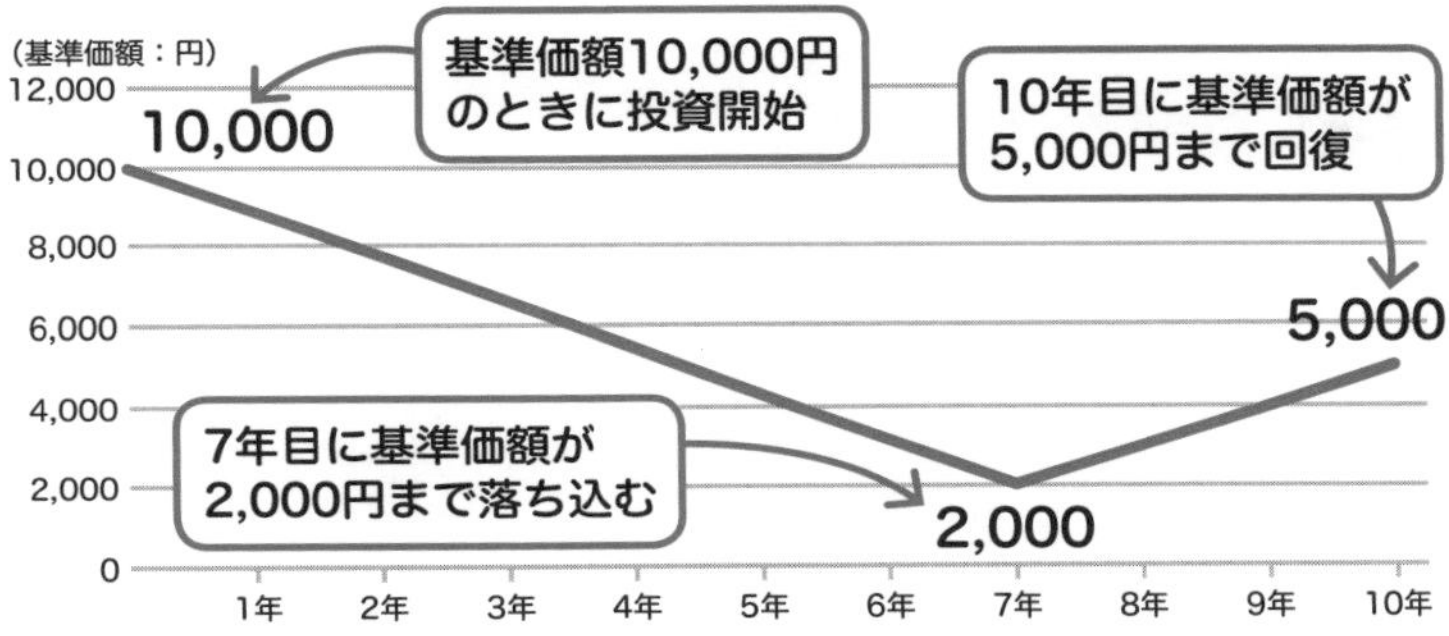

スタート時に一括で120万円を投資した場合
10年後には半値の60万円
月々1万円ずつ10年間、合計120万円を積み立て投資した場合
10年後の運用成果は139万円、リターンはプラス16%！

出所：モーニングスター作成

ていれば毎月買える「量」はどんどん増えていきます。

いい換えれば、**値下がりは「安い値段で口数を増やせるチャンス」**なのです。

安くたくさん買っておければ、それだけ利益は出しやすくなります。値下がりしている時期に積立を継続していれば、少し基準価額が戻っただけで運用成績がプラスになるケースが多いのです。

積立投資は**「値下がりするとたくさん買えてうれしい投資法」**といってもよいほどです。

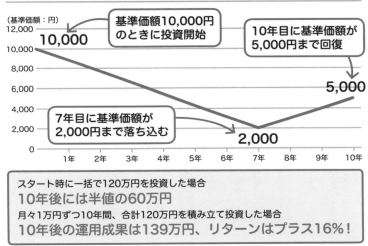

○「長期・分散・積立投資」は、成功確率を上げるための投資法

積立を始める前に「買った商品が値下がりしたらどうしよう……」と不安を感じる必要はありません。

運用期間中に運用額が投資額を下回る時期があっても、「今はたくさん買えている時期だ」と前向きに積み立てを継続しましょう。

投資の世界では「絶対に儲かる」ということはありませんが、成功確率を上げることは可能です。**「長期・分散・積立投資」を実践することは、まさに「成功確率を上げるための投資法」**なのです。

「長期・分散・積立投資」は特に、まとまった運用資金のない現役世代の方が時間をかけて老後資金を作っていきたい場合などに向いています。

すでにまとまった資金を持つリタイア世代の方などは、一括で投資する方法のほか、資産の一部を一括で、残りを積立で投資する方法なども考えられるでしょう。

いずれにしても、**リスクを抑えて安定的に運用するために「長期・分散・積立」投資は必須の要素**といえます。

投資信託選びのポイントは、とにかく「コスト」

投信で資産運用する際は、関係する会社（販売会社、運用会社、管理会社）に対して手数料を支払う必要があります。主なコストとして押さえておきたいのは、**「①販売手数料（購入時手数料）」「②信託報酬（運用管理費用）」「③信託財産留保額」**の3つです。

①販売手数料は、投信を購入する際に販売会社に支払う手数料です。同じ投信でも、販売会社によって販売手数料が異なることもあるので注意が必要です。

販売手数料は購入額の1～3％程度ですが、**販売手数料が無料の「ノーロード」**と呼ばれるものも数多くあります。販売手数料がかかると運用がマイナスからスタートすることになって不利なので、**投信はノーロードのものを対象に商品を選ぶべき**です。

②信託報酬は、運用会社や販売会社、信託銀行に支払う手数料のこと。平たくいえば、運用にたずさわる人たちに毎年支払う〝手間賃〟です。

信託報酬も商品によって額が異なりますが、販売手数料と違って、同じ商品ならばどこの販売会社で購入しても金額は同じです。

③信託財産留保額は、投信を解約する際に徴収される費用です。かかる投信とかからない投信があります。

○信託報酬は、パフォーマンスの善し悪しを決める重要なポイント

3つのコストのうち、**長期の運用成績に与える影響が非常に大きいのが信託報酬（運用管理費用）**です。

信託報酬は、投信を購入したのち毎年運用益から自動的に引かれるので、手数料がかかっているという認識が薄れがちです。ここが信託報酬の盲点といえるでしょう。

しかし信託報酬は、将来のパフォーマンスの善し悪しを決める、きわめて重要なポイントなのです。

どれほど重要なのか、例を使って考えてみましょう（投資信託で「パフォーマンス」というとき、通常は信託報酬を差し引いたあとの運用実績をさしますが、ここでは話をわかりやすくするために「運用利回り」と「信託報酬」とを分けて考えます）。

ここに、2つの投信があったとします。一つは運用利回り3・5％、信託報酬が0・5％

の〈Aファンド〉。もう一つは、運用利回りが3・5％で、信託報酬1・5％の〈Bファンド〉です。

利回りだけ比べれば同じですが、ここで注意が必要なのが、先述した**「信託報酬は毎年、運用益から自動的に引かれる」**という点です。したがって、この例の場合、最終的に私たち投資家の手元に残るのは、〈Aファンド〉が「運用利回り3・5％－信託報酬0・5％＝3・0％」、〈Bファンド〉は「3・5％－1・5％＝2・0％」となります。

こうして比べてみると、〈Aファンド〉のほうが最終的なパフォーマンスが1・0％高いことが分かります。では、この1・0％は具体的にどれくらいの差を生むのでしょうか？

ここでみなさんに知っておいていただきたいのが、**「複利運用」**の考え方です。資産運用の世界では、投資した元本だけに利息がつくのを「単利」、「元本＋利息」にさらに利息がつくのを「複利」と呼びます。そして資産形成を効率よく進めるためには、**投資したお金を「複利」の考え方で運用するのが大きく増やすための重要なポイント**なのです。

投資してお金が増えたら増えた分も投資する「複利」の考え方で運用すると、一見小さなパフォーマンスの違いが、長期では大きな差を生むことになります。実際、〈Aファンド〉と〈Bファンド〉に100万円を投資し、30年間複利で運用したとすると、その結果は、

図 1-13 コストの違いでリターンが変わる

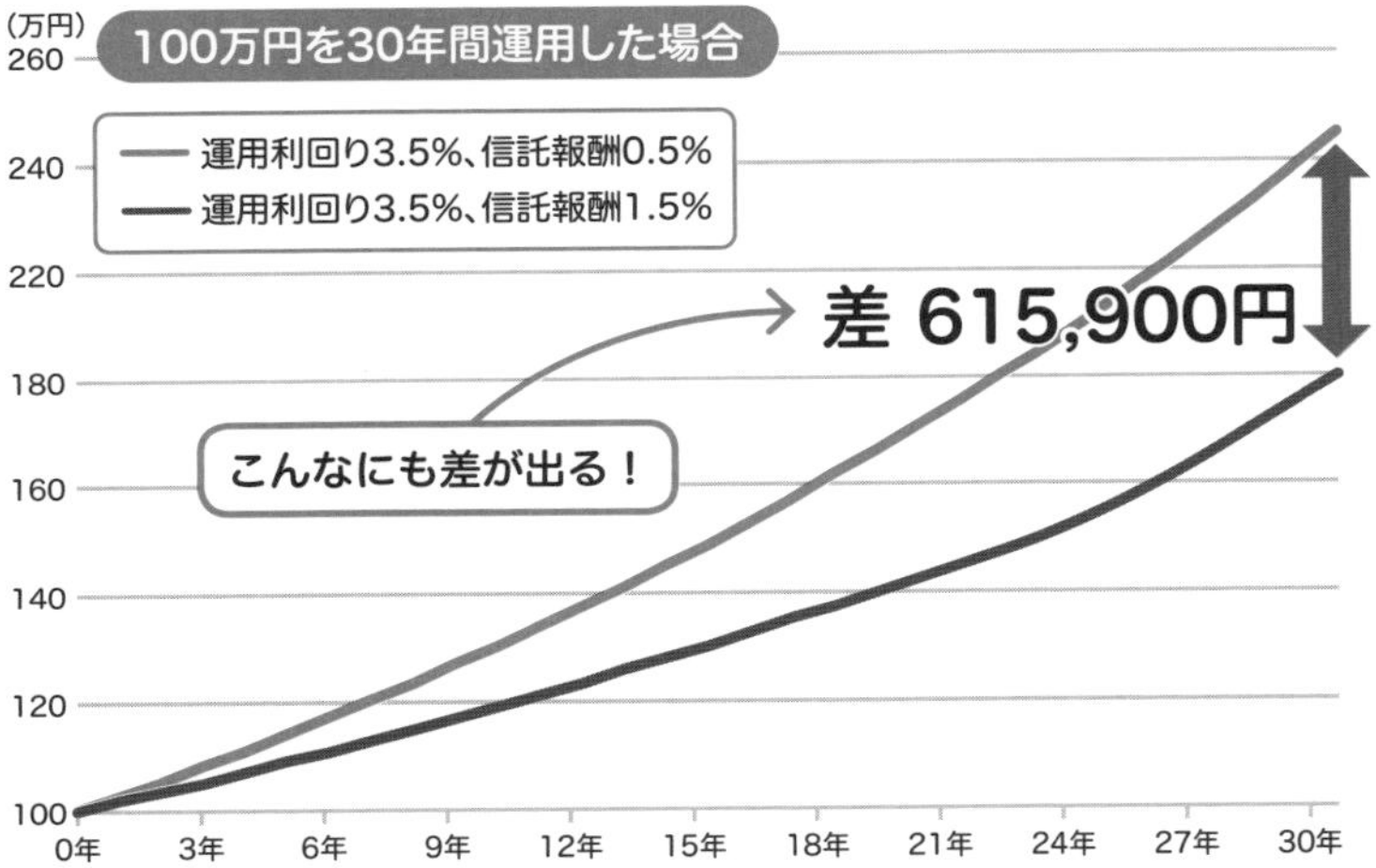

出所：モーニングスター作成

〈Aファンド〉に投じた場合の資産額が約243万円になるのに対し、〈Bファンド〉は約181万円と、およそ62万円もの差がついてしまうのです（図1－13）。

重要なのは、運用利回りはあらかじめ約束されたものではない一方、信託報酬は最初から決まっているということです。一時のパフォーマンスの高さに目を奪われて信託報酬が高い投信を選んでしまうと、運用がふるわなくなったときに信託報酬の負担が重くのしかかってくることになるでしょう。**投信を選ぶ際にはコストが十分に低いかどうか、慎重に見極めることが大切**なのです。

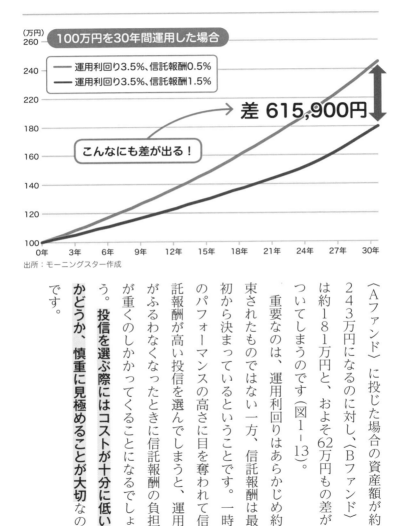

投資信託はどこで、どう買えばよいのか？

投信を買うために投資信託口座を開くとき、「どの金融機関でも似たようなものだろう」などと考えるのはNGです。理由は大きく2つあります。

1つは、**販売会社によって商品のラインナップが異なる**ことです。ほしい投信が明確な場合は、その投信がラインナップされている販売会社かどうかを考えて選ぶ必要があります。

2つ目の理由は、**同じ投信でも販売会社によって販売手数料が違うケースがある**ことです。販売手数料は「購入価額に対して上限○％」などと定められており、上限までの範囲内で販売会社が定めます。このため、同じ投信でもA銀行は販売手数料を取り、B証券ではノーロード（販売手数料無料）で扱う場合があるのです。

投信を販売している主な会社には、対面販売を中心とする**「大手・中堅証券」**、オンライン取引を中心とする**「ネット証券」**のほか、**メガバンク**や**地銀**などの銀行があります。

このうち、取り扱う商品数が多く、積極的にノーロードで投信を取り扱っているのはネット証券です。

取引の自由度やコストを重視するなら、ネット証券で口座を作るのがお勧めです。ネット証券最大手のSBI証券か、それに次ぐ楽天証券が有力候補になるでしょう。

実際に投信を売買するときは、口数または金額を指定して申し込みます。

「いくらから買えるか」は販売会社によって異なり、**ネット証券なら100円から買えるところもありますが、1000円から、1万円からなど**条件はさまざまです。

なお、投信の基準価額は1日1回、その日の組み入れ資産の価格を計算して決まります。そのため実際の売り値や買い値は、売買を申し込んだ日の基準価額を翌営業日に確認する必要があります。

売却する場合は、お金が口座に入金されるまでに解約申し込みから3営業日前後かかるのが一般的です。

「投資なんてギャンブルみたいなもの」という誤解

投資という言葉を聞くと、「大負けすれば資産のほとんどを失ってしまうこともある怖いもの」「ギャンブルのようなもの」といったネガティブなイメージを抱く人は少なくありません。多くの日本人にとって、これまで投資はあまり身近ではありませんでしたから、これは無理もないことでしょう。

しかし、こうした恐怖心は、誤解に基づいていることが少なくありません。

みなさんが「投資は危ないもの」と思っているのは、「投資」と「投機」を混同しているからでしょう。ここで、「投資」と「投機」の違いを整理しておきましょう。

競馬は参加者にとって非常に不利な「賭け」

「投機」の代表例として挙げられるのは、競馬や宝くじです。

競馬の場合、たくさんの人が馬券を買って100億円が集まったとすると、そのうち予想が的中した人に払い戻されるお金は75億円です。25億円は、主催者であるJRA（日本中央競馬会）の取り分となります。馬券を買って勝つ人もいれば負ける人もいますが、全体で見れば「競馬の

図A　投機は期待収益がマイナスの賭け

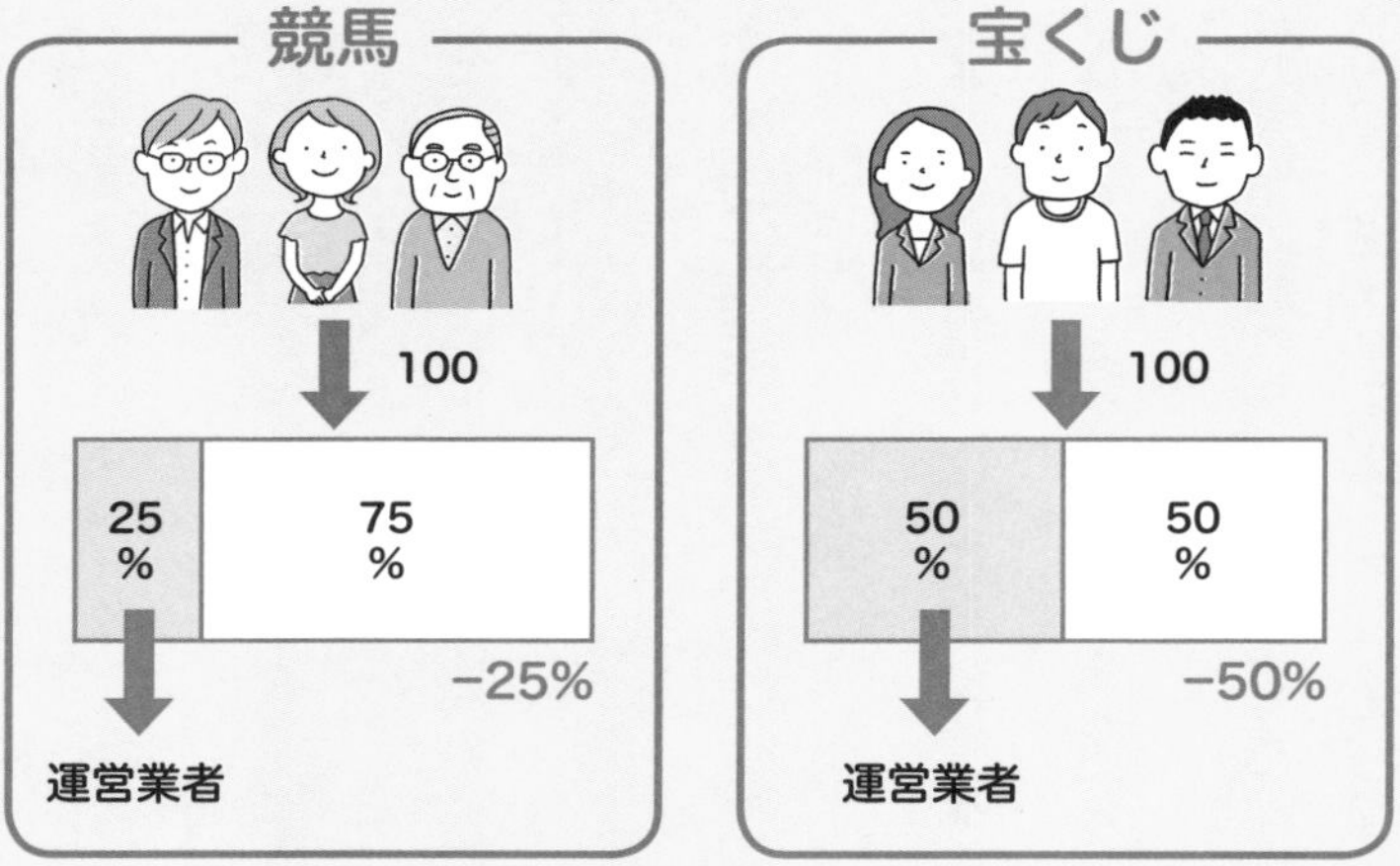

期待収益率はマイナス25％」ということになります。参加者にとっては非常に不利な「賭け」だといっていいでしょう。

宝くじは、競馬よりも条件が悪い賭け事です。みなさんが宝くじを買ったとして、そのお金のうち50％は運営業者の取り分となっているからです。つまり、「宝くじの期待収益率はマイナス50％」です（図A）。

もちろん、競馬や宝くじは100％否定されるものではありません。お小遣いの範囲で趣味として楽しむ分には問題ないでしょう。

しかし、これらのギャンブルでお金を増やそうとするのは合理的ではありません。

FXは「ゼロサム」ゲーム

FXも「投機」の一種といえます。

図B
FXは、互いの見通しの違いに賭けるゼロサムゲームの行為

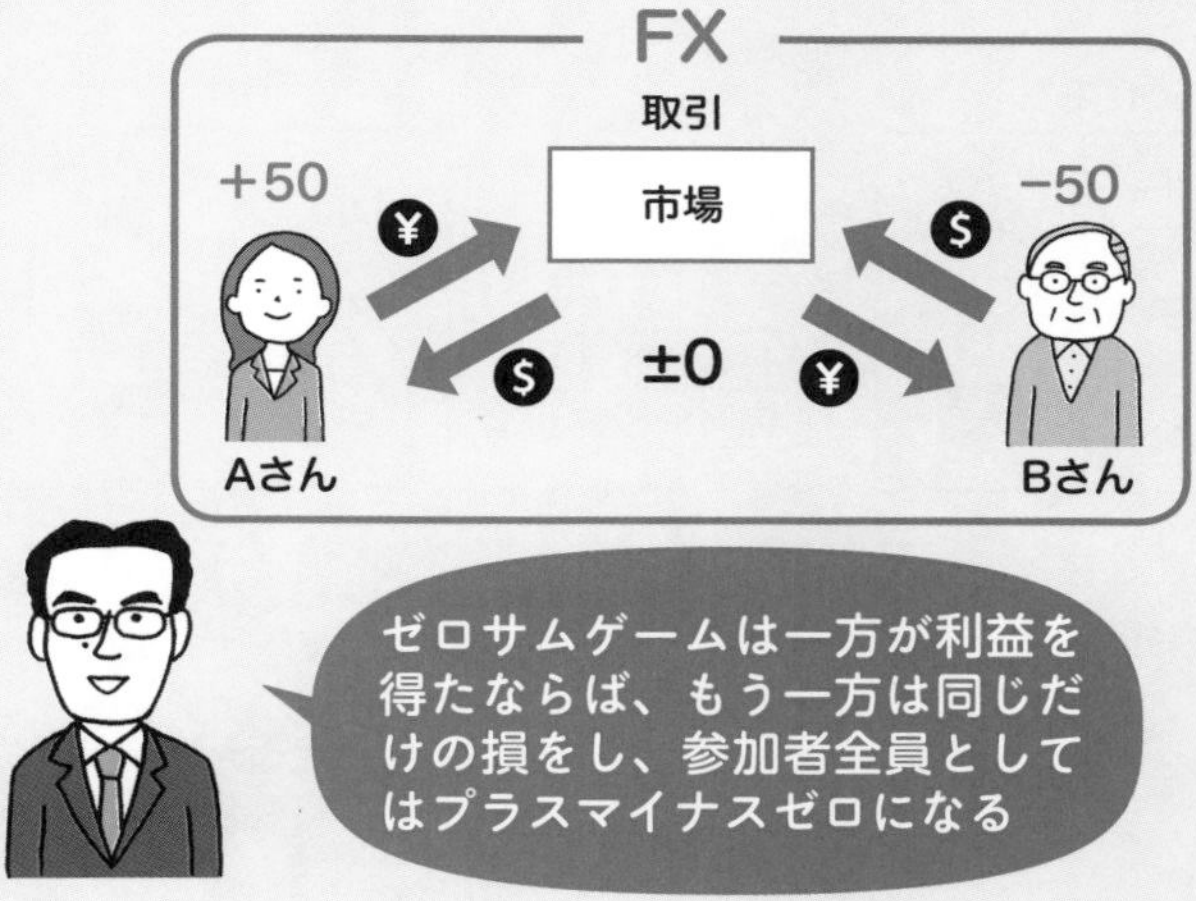
FX
取引
市場
+50
−50
±0
Aさん
Bさん
ゼロサムゲームは一方が利益を得たならば、もう一方は同じだけの損をし、参加者全員としてはプラスマイナスゼロになる

「誰かの利益が誰かの損失になる」ものは一般に「ゼロサム（合計がゼロ）」ゲームと呼ばれます。為替の取引では、たとえばAさんが円を売って米ドルを買うときは、反対に米ドルを売って円を買うBさんがいるわけです。

AさんとBさんのどちらかが儲かれば一方は損をし、AさんとBさんの損益を足し合わせれば「ゼロ」になると考えられます（図B）。

実際には、FXでは売買手数料を支払うことになりますから、参加者全員の利益と損失を足し合わせれば若干のマイナスになります。

胴元が寺銭《てらせん》を持っていくギャンブルほどではないにしても、投機的な取引であることは間違いありません。

一方、「投資」では参加者全員が利益を得られる可能性があります。株式投資について考えて

図C　投資は全員がプラスになる可能性がある

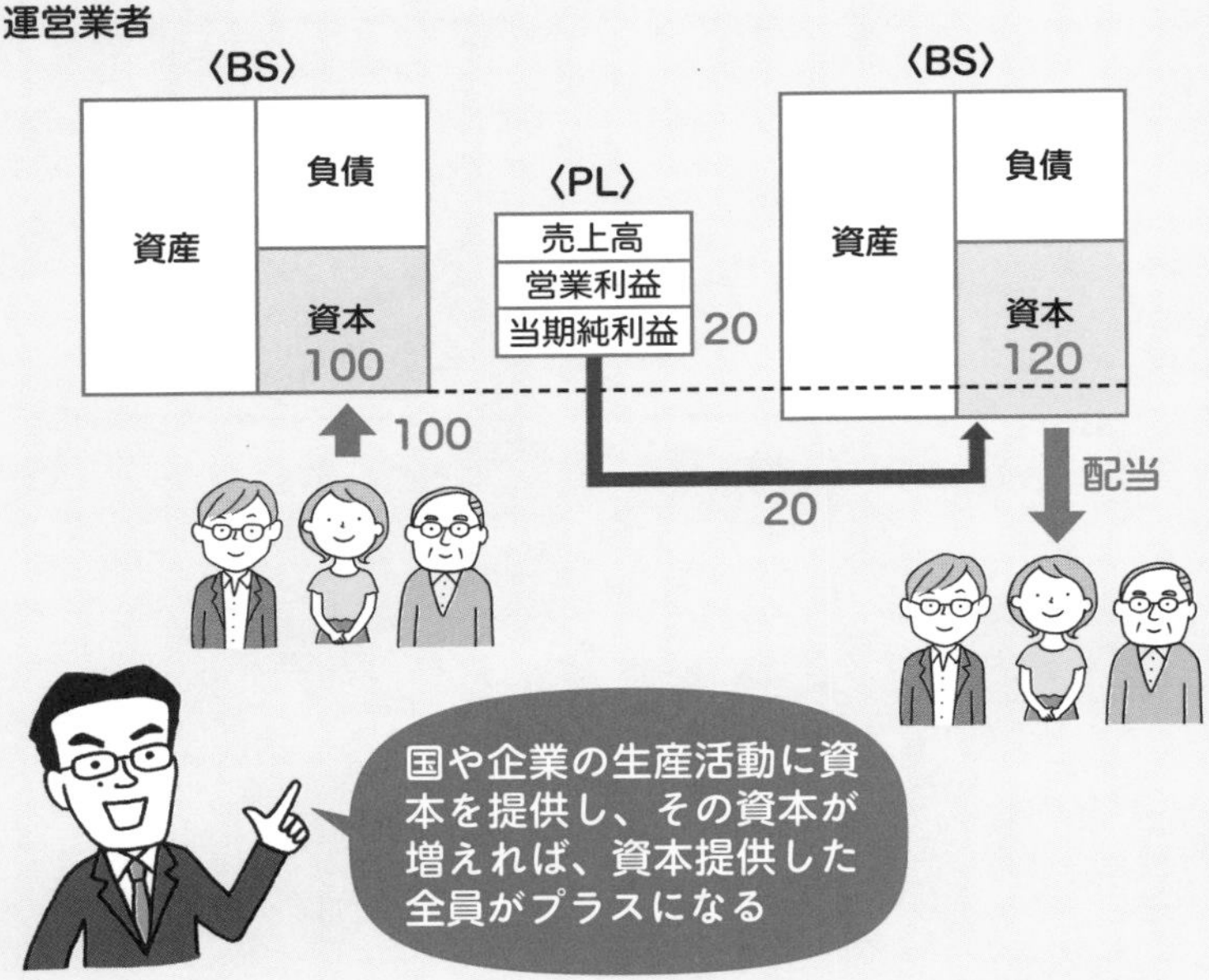

みましょう。

たとえばみなさんがある企業に投資をした場合、その企業は投資してもらったお金を元手に新製品を開発したり設備投資をしたり海外に進出したりして、さらなる成長を目指します。

そうやって出た最終利益は、原則として「資本を提供した株主のもの」になります。つまり、投資したすべての人がその果実を手にできることになるわけです。

具体的には、投資家は投資先企業から配当をもらったり、企業の成長により株価が上昇すれば株を売却して値上がり益を手にしたりできます（図C）。

株式投資に限らず、債券や不動産などに関しても同様です。

「長期的な成長とそこから上がる収益に期待して資金を投じる」行動こそ、本来的な意味での「投資」であり、ギャンブルとはまったく性質の異なるものなのです。

CHAPTER

2

投資信託選びの下準備をしよう

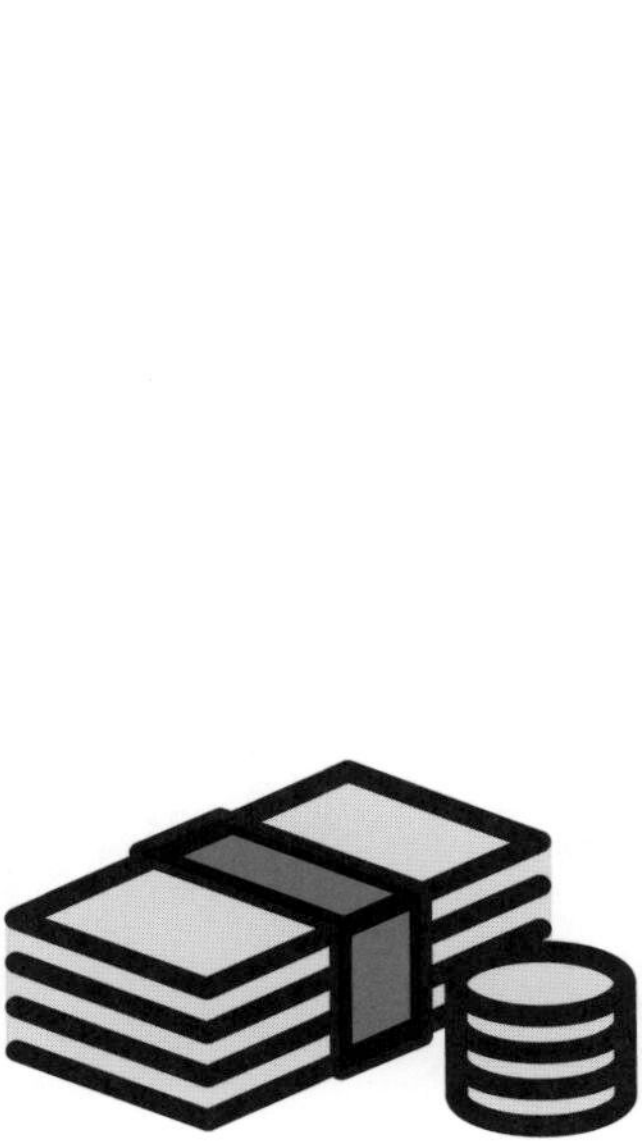

長期目標がないなら、投資信託に手を出してはいけない

CHAPTER1では、投信を活用した資産運用の基本的な考え方についてお話ししてきました。本章では、あなたに合った投信を選ぶために必要な準備をしていきます。

でもその前に、まず覚えておいてほしいことがあります。それは、**そもそも投信は、すべての投資家に適した商品ではない**ということです。

漠然と「儲けるため」とか「すぐに2倍、3倍になる投資をしたい」といった、**長期的な目的意識のない投資家には、投信は向いていません。**

本来ならば個別の株式への投資も長期投資で行うべきなのですが、どうも短期売買で大儲けを期待する投資方法が当たり前になってしまっているようです。

もう一つ、投資に回す余裕のあるお金（余剰資金）がまったくない人にも、投信はお勧めできません。**余剰資金がない人には、投信のようなリスク商品は不向き**だからです。毎

月1万円でも運用に回せるなら問題はありませんが、「毎月ほとんど手元に残らない」というのであれば、投信に手を出すべきではないでしょう。

○投信が向いているのはどんな人か

では、投信はどんな人に向いている金融商品なのでしょうか?

投信がもっとも適しているのは、

- **この先の人生を送るうえで「老後資金を準備したい」といった長期的な目標があり、その目標に向かってお金を増やしていきたいという意志がある人**
- **「お金を取り崩しつつも、長い人生のためにきちんと運用していきたい」と考えている人**

です。

資産運用先進国アメリカでは、個人投資家はたいてい、きちんとしたマネープランを立てて資産を運用しています。

人生の目標は人によってさまざまですが、どの目標も、**短くても5年以上、長い場合は20~30年という投資期間を見込んで目標を立てています。**このように、長期的な目標が見えているときにこそ、投信は威力を発揮する金融商品なのです。

投資家には、2つのタイプがある

自分にぴったりの投信を選ぶためには、やみくもに投信の情報を探すのではなく、まず、自分の資産状況や、どの程度のリスクがとれるのかなどを把握する必要があります。

資産状況や投資に対する考え方は1人ひとり違いますが、リスクのとり方と運用のしかたによって、投資家を大きく2つのタイプに分けることができます。

❶資産形成タイプ

これから積極的にお金を増やそうとしている投資家。この先、まとまったお金を要するライフイベント（子どもの教育、マイホームの取得、老後の準備など）が待っている人で、一般的には、20～50代の現役世代がこのタイプに当てはまります。

❷資産活用タイプ

ある程度まとまった額の余剰資金がすでにあって、それを運用しつつ定期的に一定額を取り崩して活用しようとしている投資家。豊かな〝第二の人生〟を送りたいと考えている60～70代の方などがこのタイプに属します。

○まずお金を増やす目的や目標を決めよう

資産運用というと、単にお金を増やすことが目的だと思われがちなのですが、実際は少し違います。

資産運用とは、まずお金を増やす目的や目標を決め、それを達成するためにいちばん適したお金の増やし方を考え、実践することです。

資産運用はゴルフのパッティングのようなものです。目標となるピンやカップも見えないのにボールを打ってもしかたがないように、「いつまでにいくら」という目標もないままやみくもにリスク商品に手を出しても、資産運用はうまくできません。

「65歳までに老後資金を確保したい」「住宅を購入したいので頭金を増やしたい」など、まずはお金を増やす目的や目標を決めましょう。

○あなたは投資家のどちらのタイプ？

目的や目標が決まったら、次にやることは投信選びをする前段階として、あなたの資産状況を確認し、**自分が何％くらいの運用利回りをあげればよいかを計算する**ことです。

個別の投信を選ぶ前に目標利回りを把握することは、とても大切です。

なぜなら、いきなり投信を選ぼうと思っても、**自分がどれだけのリスクをとって運用したらよいかわからない**からです。

必要な運用利回りがわかれば、むやみに高いリターンを狙うことなく、自分に合った金融商品を選ぶことができるようになります。

先にご説明した投資家の２つのタイプのうち、あなたはどちらに当てはまりますか？タイプが異なれば、投信選びに必要な下準備の方法も変わってきますから、まずは自分がどちらのタイプなのかを判断してください。

「資産形成タイプ」の人は次ページへ、「資産活用タイプ」の人は72ページへ進んでください。

目標利回りを知るための7ステップ

——資産形成タイプ

本節では、「資産形成タイプ」の投資家について考えていきます。

まず、図2－1の7つのステップ（質問）にしたがって投信選びの下準備をしましょう。

ここでは40歳、手取り月収30万円の太田さんを例にとりながら説明していきます。

（1）目標とするライフイベントは？

長い人生のあいだには、結婚や出産、マイホームの購入、子どもの教育など、まとまったお金が必要な大きなライフイベントがいくつかあります。投信選びの第一歩として、まずは資産運用をするうえで中長期的に目標とすべきライフイベントを決めましょう。

ここで目標を設定することは、とても大切なことです。目標がないと、どうしても短期的な視点に陥り、ついつい「3カ月で資産を倍にするぞ！」「1年で3倍にしたい」などと考えてしまうからです。

図 2-1 資産形成タイプのための7つのステップ

(1) 目標とするライフイベントは？

＿＿＿＿＿＿＿＿＿＿＿＿＿＿＿＿＿＿＿＿

(2) ライフイベントに必要な金額とそれまでの期間は？

＿＿＿＿＿＿円 ＿＿＿＿＿＿年

(3) 現預金の合計は？ …… (a)

＿＿＿＿＿＿円

(4) いざというときのために備えておくべきお金はいくら？
(毎月の手取り収入×６カ月分) …… (b)

＿＿＿＿＿＿円

(5) 投資に回せる余剰資金はいくら？ ……(a-b)

＿＿＿＿＿＿円

(6) 毎月の積立可能額はいくら？

＿＿＿＿＿＿円

↓

(7) 目標達成に必要な年間の運用利回りは？

＿＿＿＿＿＿％

投信は長い時間
をかけてお金を
増やすもの

図2-2 **ライフイベントに必要な金額の目安**

ライフイベント	必要額の目安
住宅取得資金の頭金	**全体の取得額の10%** たとえば4,000万円の住宅であれば、 4,000万円×10%=400万円
子どもの教育資金	700万円〜1,000万円
老後資金の準備 (公的年金を除く)	2,000万円〜3,000万円

必要な数字はおおよそで結構です

投信は投機と違って、あくまでも長い期間をかけてお金を増やすものです。

太田さんの目標は、老後資金を準備すること。これを資産運用の目標に設定しました。

(2)ライフイベントに必要な金額とそれまでの期間は?

目標が決まったら、今度はその目標達成に必要な金額と、どのくらい運用期間があるのかを考えます。必要金額はおおよその数字で構いません。「まったく見当もつかない」という人は、図2-2の数字を目安にしてください。

太田さんは、**老後資金として2000万**

円の資産を作ることを目標にしました。現在40歳の太田さんは、65歳で定年退職すると仮定すると、25年の運用期間があることになります。

（3）現預金の合計は？

前述したように、**投資の大前提は余剰資金で行うこと**です。これまでに蓄えたお金と、これから毎月積み立てることのできるお金を合わせて、いくらくらいの金額をリスク商品に回せるかを考えましょう。まずは、手持ちの現預金がどれだけあるかを確認します。

「現預金」とは、現金や預貯金（定期も含む）など、価格が変動しない資産をさします。したがって、株式や公社債（公共債と民間債）のように価格が変動する資産はカウントしません。

太田さんがいくつかある銀行口座の残高を足し合わせてみたところ、１７０万円の預金があるとわかりました。

（4）いざというときのために備えておくべきお金はいくら？

ここで注意が必要なのは、現預金のすべてを投資に回してはいけない、ということです。

旅行や値の張る商品の購入など、出費があらかじめ予想できる分のお金は現預金のまま残しておかなければいけません。

また、それとは別に、けがや病気で手術・入院をすることになったり、突然会社が倒産して職を失ってしまったりといった緊急事態に対しても、備えが必要です。

備えとして手元に残しておくべき現預金の額は、どのくらいが適当なのでしょうか？少なすぎると本当に緊急事態が起きたときに困りますし、慎重に考えすぎると今度は投資に回すお金がなくなってしまいます。**目安としては、毎月の手取り収入の6カ月分**と考えましょう。

毎月の手取り収入30万円の太田さんは、30万円×6カ月分、つまり180万円がいざというときの備えになります。

(5)投資に回せる余剰資金はいくら？

ステップ(3)で確認した「現預金の合計」から、ステップ(4)で計算した「いざというときのために備えておくべきお金」を引きましょう。こうして出てきた金額が、あなたが投資に回せるお金、すなわち「余剰資金」です。

太田さんの余剰資金はいくらでしょうか？　手持ちの現預金が170万円、備えとして残しておくべきお金が180万円ですから、170万円はそのまま預金としてとっておき、投資に回すことは考えないことにします。

(6)毎月の積立可能額はいくら?

もう一息です。ここで、毎月継続的に資産運用に回せるお金があるかどうかも考えておきましょう。あなたは毎月、手取り収入から生活費、交際費、趣味などに使うお金を差し引くと、いくら手元に残りますか？　生活に困らないだけの余裕は残したうえで、継続的に積み立てられるお金がいくらになるのかを考えましょう。

太田さんは、多少の余裕を見ても毎月3万円は投資に回せると判断しました。

(7)目標達成に必要な年間の運用利回りは?

いよいよ最後のステップになりました。ここまでの6つのステップの答えをもとに、あなたが年間で何%の運用利回りをあげればよいかを計算します。

余剰資金と毎月の積立額を何%の利回りで運用すれば目標金額に到達できるのか？　こ

の計算はとても複雑ですから、面倒なことはスマホアプリに任せてしまいましょう。

iPhoneを使っている方はApp Storeで、Androidスマホを使っている方はGoogle Playで「モーニングスター」を検索し、**「My投資信託」**アプリをインストールしてください。「My投資信託」とは、一言で言うと適切な投資信託選びと管理ができるスマホアプリです。このアプリは、次章の投資信託選びでも使っていきます。

インストールできたら「My投資信託」アプリを開き、右下の「まなぶ」アイコンをタップしてください。

次に**「利回り計算金融電卓」**をタップします。「運用利回り」タブで必要な数字を入力すれば、目標とするべき運用利回りがすぐに分かります（図2－3）。

太田さんはどんな結果が出たのでしょうか？　計算してみたところ、**目標達成に必要な年利回りは5・8%**となりました。こうして出てきた**目標利回りに応じて適切な投信を見つけることが、その人にとっていちばん望ましい資産運用の方法**になります（図2－4）。

これでようやく、資産形成タイプのあなたの目標利回りがわかりました。次は82ページに進んで、投信を選ぶ際に欠かせない資産配分について考えていきましょう。

図 2-3 「利回り計算金融電卓」で目標となる運用利回りを計算する

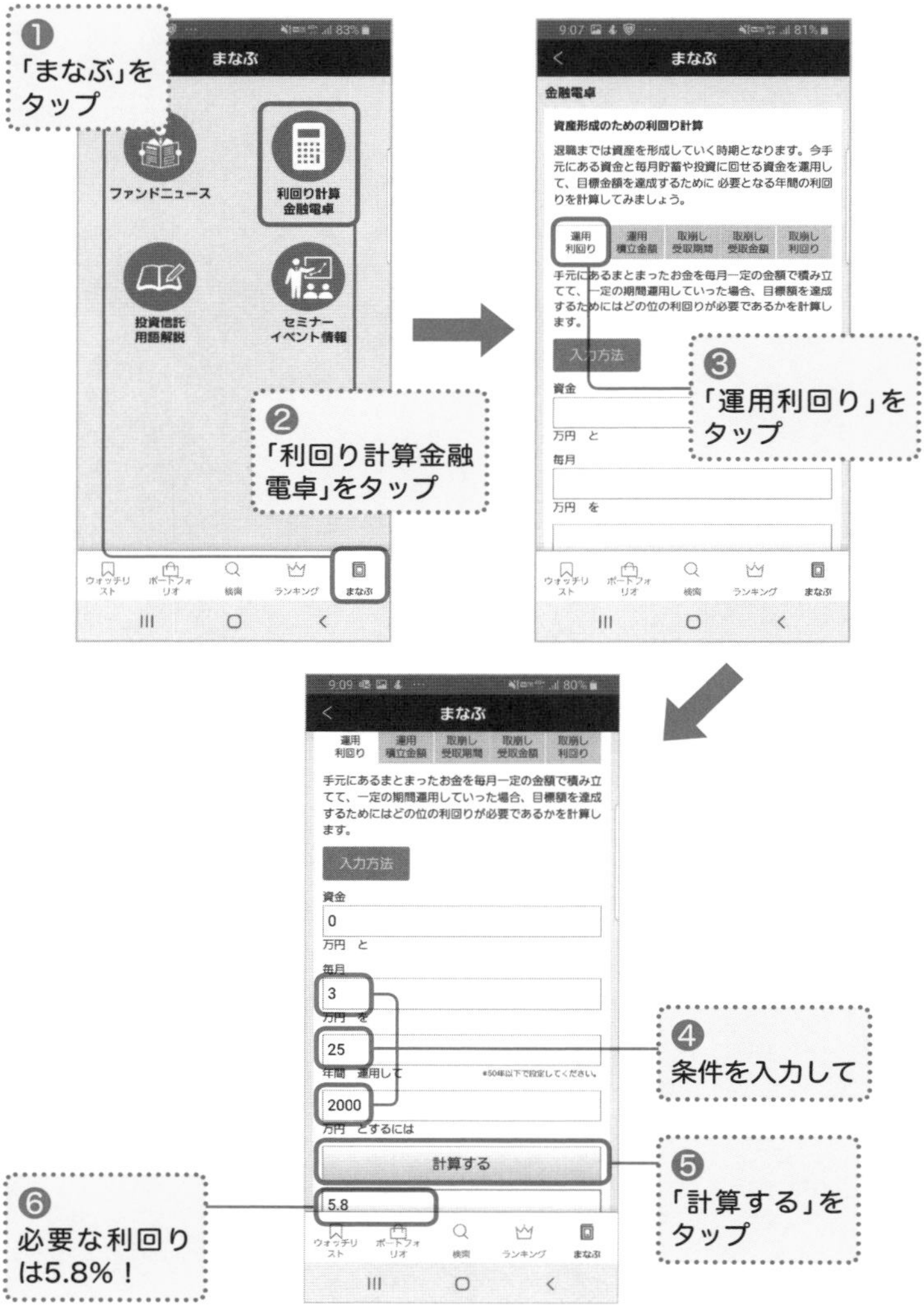

図 2-4 太田さんに必要な年間の運用利回りは?

(1) 目標とするライフイベントは？

老後資金の準備

(2) ライフイベントに必要な金額とそれまでの期間は？

2,000万 円　25 年

(3) 現預金の合計は？ …… (a)

170万 円

(4) いざというときのために備えておくべきお金はいくら？
(毎月の手取り収入×６カ月分) …… (b)

毎月の手取り収入(30万円)×6カ月分　180万 円

(5) 投資に回せる余剰資金はいくら？ ……(a-b)

170万円(a)−180万円(b) = -10万円　0 円

(6) 毎月の積立可能額はいくら？

毎月の手取り収入合計−毎月の出費合計
(30万円)　(27万円)　3万 円

↓

(7) 目標達成に必要な年間の運用利回りは？

5.8 %

太田さんに必要な
運用利回りは5.8%

目標利回りを知るための7ステップ
——資産活用タイプ

本節では、「資産活用タイプ」の投資家について考えていきます。このタイプに当てはまるあなたには、投信選びの下準備として、図2-5の7つのステップ（質問）に答えていただきます。ここでは、65歳の村山さんを例にとりながら説明していきましょう。

（1）目標とするライフイベントは？

結婚、出産、マイホーム、子どもの教育……。これまでいくつかのライフイベントを乗り越えてきた人も、まだまだお金は必要になります。

定年を数年後に控えた人や、すでに定年を迎えた人の多くは、ゆとりある第二の人生を過ごしたいと考えるでしょう。自分が何歳まで生きられるかはだれにもわかりませんが、長生きをすればそれだけ多くの生活資金が必要になります。

また、「子どもや孫のために、少しでも多くの資産を遺したい」と思っている人もいるはずです。資産活用タイプでは、このような願いが「目標とするライフイベント」になります。

村山さんの例を見てみましょう。定年退職したばかりの村山さんは、すでに住宅ローンを完済し、子どもも大学を卒業して手を離れました。今後は、これまで支えてきてくれた妻への感謝の気持ちも込めて、2人で旅行をしたり、評判のよいレストランでときどき食事をしたりと、毎月ちょっと贅沢をしたいと考えています。

しかしそうは思いながらも、一方では不安もあります。

「このまま健康で長生きできたとしても、毎月贅沢をしていたんじゃ、今ある資産もいつまでもつことやら……」

妻と2人、楽しい第二の人生を送るために、村山さんは資産活用について真剣に考えることにしました。

「人生100年時代」といわれていることをふまえ、**目標は、「これまでに積み上げた資産を運用しながら少しずつ取り崩し、100歳まで資産を枯渇させないこと」**に決めました。

(2)現預金の合計は？

そうと決まったら、まず確認しなければいけないのは、現預金の額です。現金や郵便貯

図 2-5 資産活用タイプのための7つのステップ

(1) 目標とするライフイベントは？

＿＿＿＿＿＿＿＿＿＿＿＿＿＿＿＿＿＿＿＿

(2) 現預金の合計は？ …… (a)

＿＿＿＿＿＿円

(3) いざというときのために備えておくべきお金はいくら？
(現預金の合計×1/3) …… (b)

＿＿＿＿＿＿円

(4) 投資に回せる余剰資金はいくら？ ……(a-b)

＿＿＿＿＿＿円

(5) 毎月の取り崩し金額はいくら？

＿＿＿＿＿＿円

(6) 資産を何年間活用したい？

＿＿＿＿＿＿年

(7) 目標達成に必要な年間の運用利回りは？

＿＿＿＿＿＿%

100歳まで資産
を枯渇させない
ためには？

金、銀行預金（定期を含む）など、価格が変動する心配のない資産を全部足し合わせましょう。公社債や株式のように、価格が変動する可能性のある資産はここでは考慮に入れません。村山さんは、今まで貯めてきた**現預金が3000万円**ありました。

（3）いざというときのために備えておくべきお金はいくら？

マイホームの購入や子どもの教育など、大きな出費を伴うライフイベントを経験し終えたとはいえ、やはり万が一の備えは必要です。

一般的に、年齢を重ねれば必要になる医療費や介護費が増えていきますし、家の修繕やリフォームなどでも、まとまったお金が必要になるでしょう。

ある程度の現預金はいざというときのためにとっておくべきなのです。資産活用タイプの人は、ステップ（2）で確認した手持ちの現預金の約1／3を、いざというときの備えの目安にするとよいでしょう。手持ちの現預金が3000万円ある村山さんの場合は、その約1／3の1000万円を、投資に回さずとっておくことにしました。

(4)投資に回せる余剰資金はいくら?

ステップ(2)で確認した手持ちの現預金から、ステップ(3)で計算した「備え」を引きましょう。こうして出てきた数字が、投資に回せる余剰資金となります。

村山さんは、3000万円−1000万円=2000万円が余剰資金になります。

(5)毎月の取り崩し金額はいくら?

資産活用タイプの人は、余剰資金を運用する一方で、これまで蓄えてきたお金を毎月少しずつ使っていくことになります。

村山さんの場合、定年後の生活費は公的年金と企業年金で何とかまかなうことができます。「毎月ちょっとした贅沢をするために、毎月いくら取り崩そうか?」。レストランでの食事、観劇、旅行などを夫婦2人で楽しむために、村山さんは月々8万円、年間で約100万円を取り崩していこうと決めました。

(6)資産を何年間活用したい?

今度は、ステップ(5)で考えた額を毎月取り崩しながら、ステップ(4)で計算した余剰資金をあと何年もたせればよいかを決めます。

現在65歳の村山さんは、100歳までお金が底をつかないようにしたいと考えているわけですから、100－65で資産活用期間は35年ということになります。

(7)目標達成に必要な年間の運用利回りは？

いよいよ最後のステップになりました。毎月一定額を取り崩していきながら、一方ではステップ(6)で確認した期間、お金が底をつかないようにするためには、何％の運用利回りを目標にすればよいのでしょうか？

この計算はとても複雑ですから、面倒なことはスマホアプリに任せてしまいましょう。iPhoneを使っている方はApp Store、Androidスマホを使っている方はGoogle Playで「モーニングスター」を検索し、「My投資信託」アプリをインストールしてください。このアプリは、次章の投資信託選びでも使っていきます。

「My投資信託」アプリを開き、右下の「まなぶ」アイコンをタップしてください。

次に「利回り計算金融電卓」をタップします。「取崩し利回り」タブで必要な数字を入力すれば、目標とするべき運用利回りがすぐに分かります(図2－6)。

図 2-6 「利回り計算金融電卓」で目標取り崩し利回りを計算する

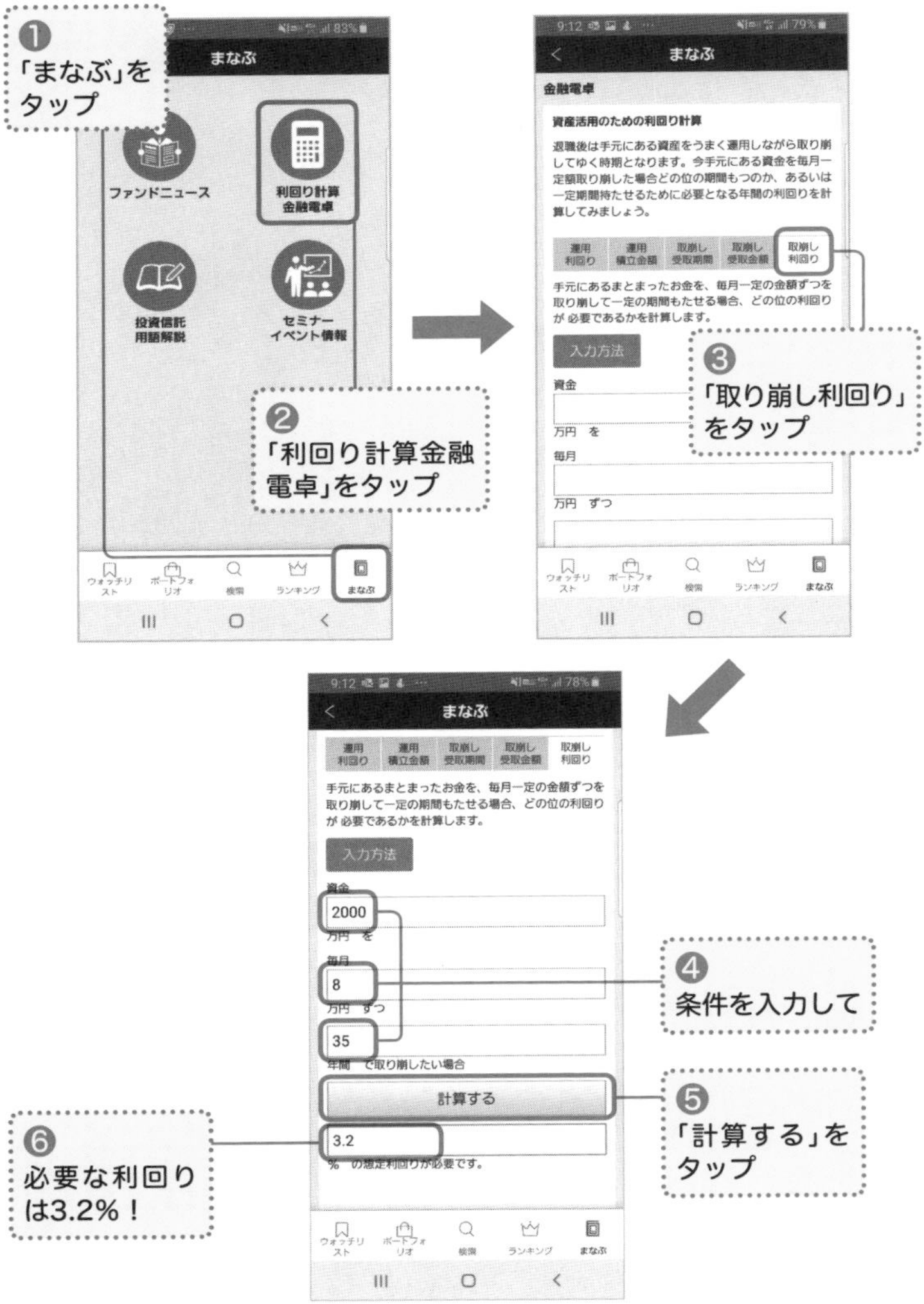

○預貯金頼みだと、人生をまっとうする前に資金が底をついてしまうかも

村山さんも、さっそくこの機能を使ってみることにしました。

すると、**3・2%の運用利回り**を目標にすればよいとわかりました（図2－7）。

資産運用について書かれた書籍では、**「定年を迎えた60代以降は、リスクの高い運用はなるべく避け、安定的な運用に切り替えるべきだ」**という意見が多く見られます。それも一理はあるでしょう。

しかし「はじめに」で触れたとおり、長寿化によってリタイア後の人生はより長くなってきています。65歳でリタイアしても、生涯をまっとうするまでに20～30年以上あるケースも想定しなくてはなりません。

そう考えると、老後資金として必要になるお金も、預貯金として安定的に確保しておくだけでなく、ある程度は積極的に運用したほうがよいのではないでしょうか。

昨今、預金金利はネット銀行などで有利なものを探しても年0・2%程度です。村山さんの場合、余剰資金2000万円を年0・2%で運用して毎月8万円ずつ取り崩した場合、お金が20年9カ月しかもちません（想定利回りで運用した場合にどのくらいの期間お金が

図 2-7 **村山さんに必要な年間の運用利回りは?**

(1) 目標とするライフイベントは?

積み上げた資産を運用しながら少しずつ取り崩して、
100歳まで資産を枯渇させない

(2) 現預金の合計は? …… (a)

3,000万 円

(3) いざというときのために備えておくべきお金はいくら?
(現預金の合計×1／3) …… (b)

3,000万円(a)×1/3=1,000万円

1,000万 円

(4) 投資に回せる余剰資金はいくら? ……(a-b)

3,000万円(a)−1,000万円(b) =2,000万円

2,000万 円

(5) 毎月の取り崩し金額はいくら?

8万 円

(6) 資産を何年間活用したい?

35 年

(7) 目標達成に必要な年間の投資利回りは?

3.2 %

村山さんに必要な
運用利回りは3.2%

もつかは、利回り計算金融電卓の「取崩し受取期間」で計算できます)。

このように、低金利の預貯金だけに頼っていると、人生をまっとうする前に資金が底をついてしまうおそれがあります。

資産活用タイプの人でも、運用利回りは最低でも3%程度はほしいところです。

また、もし子どもや孫に資産を遺すために資産運用をするのであれば、5%以上の運用利回りを目標にしてもよいでしょう。

なぜなら、子どもや孫がその資産を引き継いで運用することになるので、自分の余命までを運用期間にしなくてよいので、その分リスクがとれるからです。

これで、資産活用タイプのあなたの準備は整いました。次節に進んで、今度はあなたに適した資産配分を考えていきましょう。

運用のパフォーマンスは資産配分で決まる

ここまでで、目標にすべき運用利回りがわかりました。今度は資産運用の最大のポイントともいえる資産配分について考えましょう。

「投信で資産運用」と聞くと、個別の投信選びがいちばん肝心なことだと多くの人が思うかもしれません。もちろん、投信の運用成績は玉石混交ですから、よい商品を慎重に選ぶ必要はあります。

しかし、個別の投信を選ぶこと以上に重要なのは、どの種類の投信にどのくらいの割合で資産を割り振るか、という点です。

資産運用の世界では、**「個別の金融商品の選定が投資パフォーマンスの善し悪しに与える影響は20%、残りの80%は資産配分で決まる」**といわれています。

資産配分を考えることは、それほど大切なことなのです。

投信を使って資産配分を考える前に、投資信託の種類について見ておきましょう。

○その投信がどんな資産で運用されているのかを知る

日本には現在、6000本近くの投信があります。選ぶのが大変そうに思えますが、細かな商品性以前に、まず「その投信がどんな資産で運用されているのか」に着目することが大切です。

「その投信がどんな資産で運用されているのか」は、投信の**「投資対象地域」**と**「投資対象資産」**による分類を見ればわかります（図2-8）。

投資対象地域は、おおまかには「国内（日本）」「海外」「国内&海外」に分かれます。「海外」とは日本以外の国・地域に投資するもので、たとえば「先進国」「新興国」「欧州」「アジア」などの分類で複数の国に投資する投信もあれば、「アメリカ」「オーストラリア」「中国」などというように1つの国を対象に投資する投信もあります。

投資対象資産は先に見たように、主に**「株式」「債券」「REIT」**の3つがあります。また、「株式と債券」「株式と債券とREIT」など、異なる種類の資産をいくつか組み合わせて運用するものは**「バランス型」**に分類されます。このほか、金や原油など、「株式」「債券」「REIT」以外の資産に投資するものもあります。

図 2-8
投信は「投資対象地域」と「投資対象資産」に分類できる

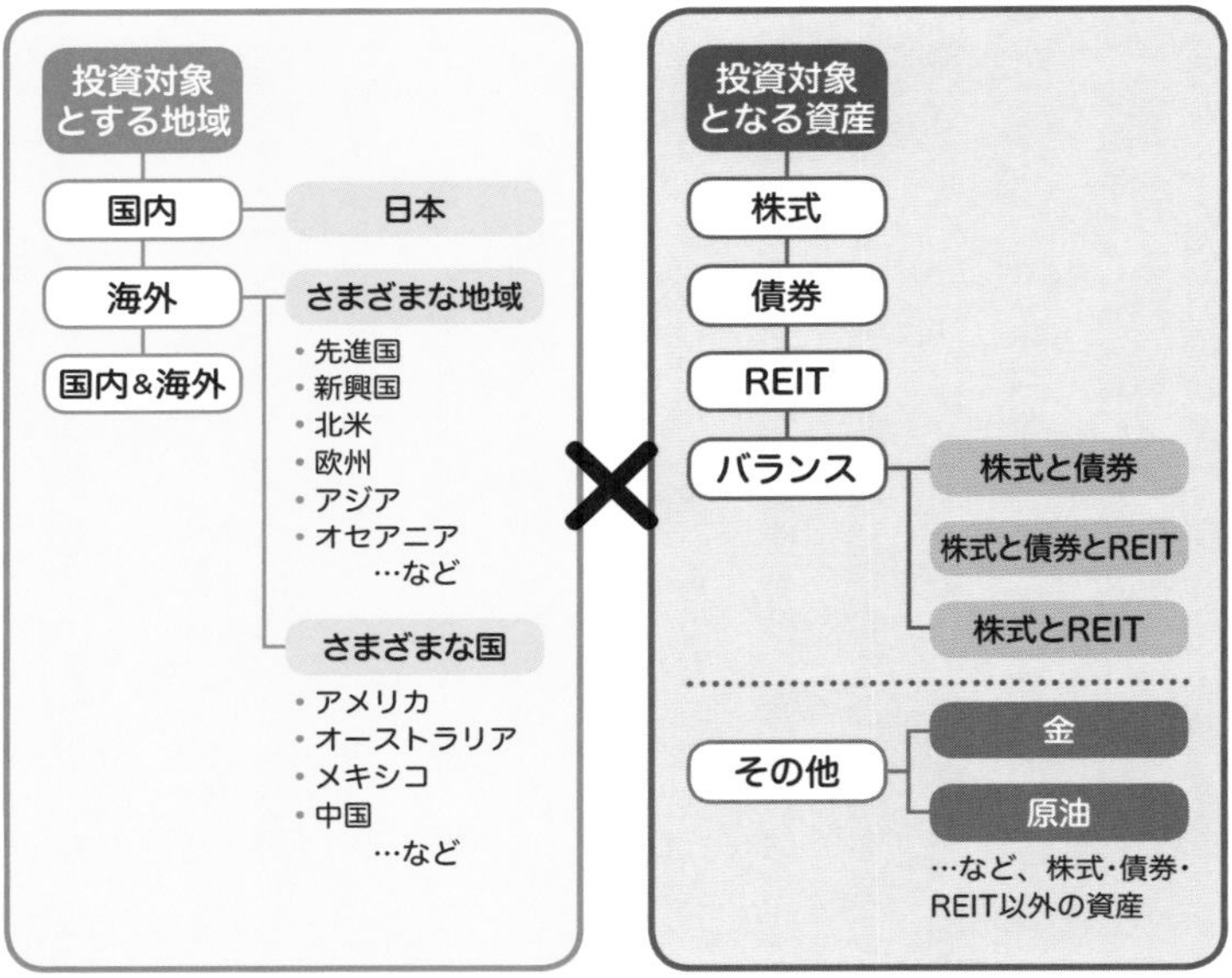

投資対象地域と投資対象資産の組み合わせが異なる、さまざまな種類の投信がある

たとえば…

〈株式〉
国内株式ファンド➡日本株で運用
先進国株式ファンド➡先進国の株で運用
新興国株式ファンド➡新興国の株で運用
米国株式ファンド➡アメリカの株で運用
全世界株式ファンド➡日本を含む世界の株で運用

〈債券〉
国内債券ファンド
先進国債券ファンド
新興国債券ファンド
米国債券ファンド

〈バランス型〉
国内バランスファンド➡日本の株や債券などで運用
4資産(国内債券、国内株式、海外債券、海外株式)バランス型ファンド➡国内外の株と債券で運用

〈REIT〉
国内REITファンド
先進国REITファンド
新興国REITファンド
米国REITファンド

こうした「地域」と「資産」の組み合わせによって、たとえば「先進国株式ファンド」に分類される投信なら「アメリカをはじめとする先進国の株式を組み入れた投信」だとわかります。「国内バランス型ファンド」なら、日本の株式や債券、REITなど国内資産を組み合わせた投信です。

長期資産形成のための資産配分は、「国内株式ファンド」「先進国株式ファンド」「新興国株式ファンド」「国内債券ファンド」「先進国債券ファンド」「新興国債券ファンド」の6種類をベースとし、目指す運用利回りに応じてこれらを組み合わせるのがお勧めです。

図2-9は、国内株式、先進国株式、新興国株式、国内債券、先進国債券、新興国債券について、それぞれのリスクとリターンを示したものです。

この図を見ると、全般に**株式はリターンの高さが魅力ですが、その分リスクも高い**ことがわかります。

一方、国内債券はリターンが低いかわりにリスクも低いことが読みとれます。リスクをある程度抑えながら安定した利回りを得ることを目指すなら、これらをうまく組み合わせたほうがよいわけです（これを「ポートフォリオを組む」といいます）。

図 2-9 モーニングスターインデックスのリスクとリターン

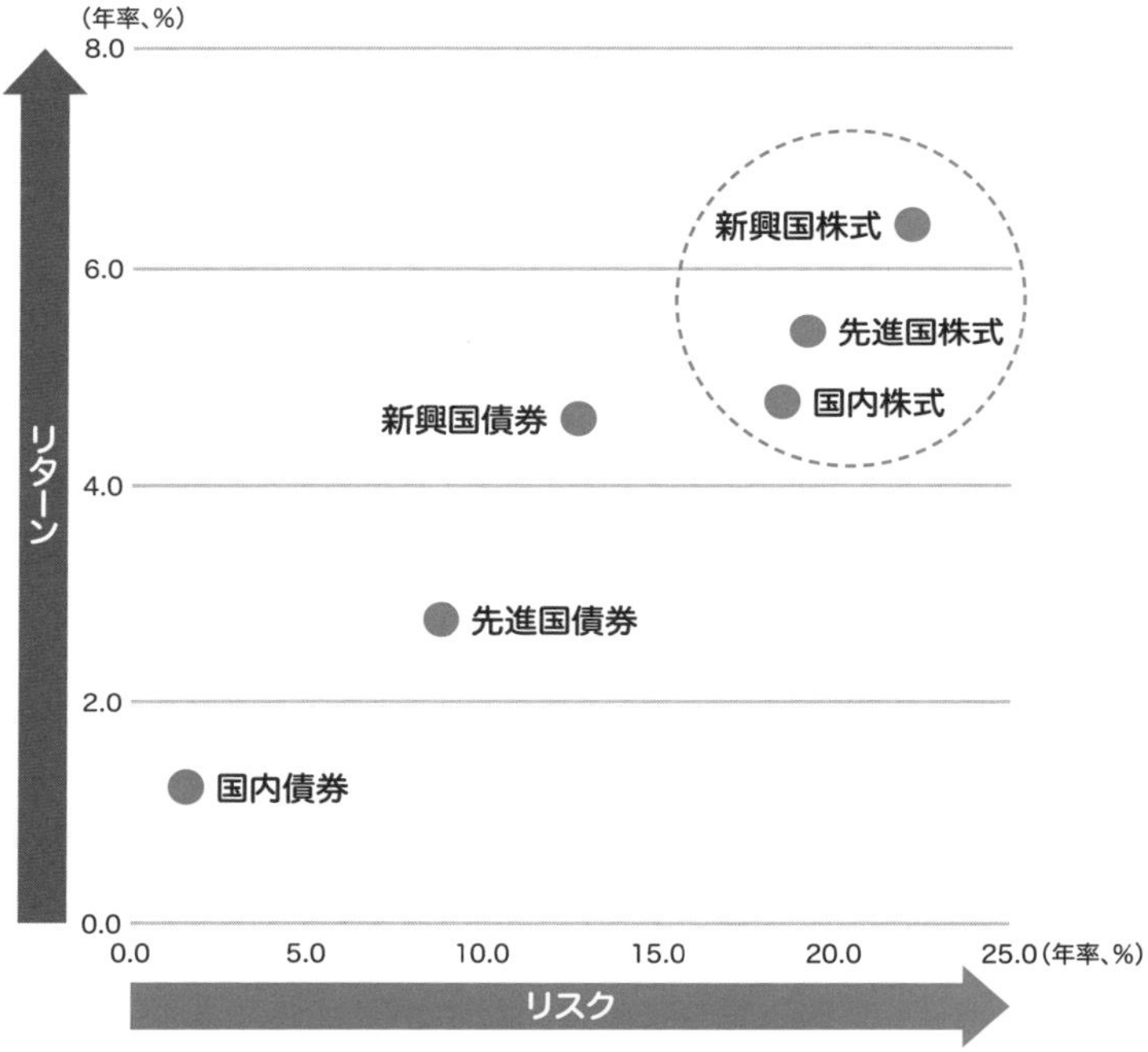

※上図は以下のモーニングスターインデックス(単純)の2019年11月末時点における過去15年間の月次データに基づく　※国内株式＝国内大型ブレンド、先進国株式＝国際株式・グローバル・除く日本(ヘッジなし)、新興国株式＝国際株式・エマージング・複数国(ヘッジなし)、国内債券＝国内債券・中長期債、先進国債券＝国際債券・グローバル・除く日本(ヘッジなし)、新興国債券＝国際債券・エマージング・複数国(ヘッジなし)
出所：モーニングスター作成

タイプ別 資産配分の考え方
——積極運用タイプ、バランス運用タイプ、安定運用タイプ

資産配分の大切さがわかったところで問題になるのが、それぞれの投資のタイプにどのくらいの比率でお金を配分すればよいのか、ということです。この比率は、あなたが何％くらいの運用利回りを目標にするかによって変わってきます。

以下は、71ページと80ページで割り出した目標利回りから投資家を４つのタイプに分けたものです。あなたはどのタイプに当てはまりますか？ タイプごとの望ましい資産配分比率を確認してください。

【目標利回り４％以上６％未満】

積極運用タイプ：目標利回りが４％以上６％未満のあなたは、積極的に資産を運用する必要があります。

10年以上の長期投資が可能で、分散・積立投資をすることが前提となりますが、運用方

図 2-10 **資産形成層のポートフォリオ 積極運用タイプ**

長期（10年以上）・分散・積立投資
〈積極運用タイプ〉

目標利回り：4%以上6%未満

〈望ましい資産配分〉

国内株式	10%
先進国株式	50%
新興国株式	40%
合計	100%

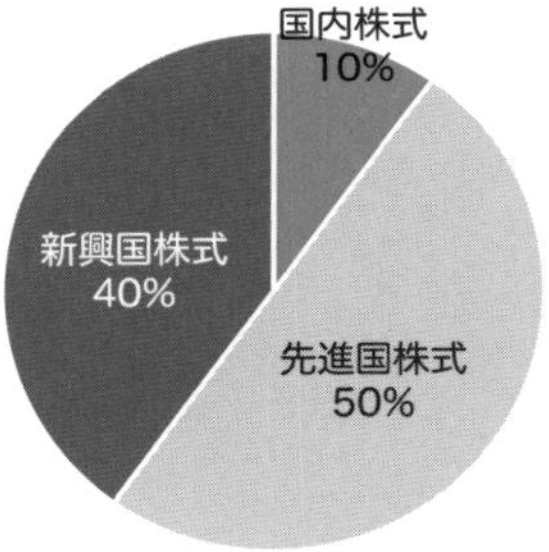

法でリスクを抑えながら高いリターンを目指すためのポートフォリオを作ることをお勧めします。具体的には、**リターンの低い債券には投資せず「国内株式10％」「先進国株式50％」「新興国株式40％」とし、株式100％のポートフォリオを作る**ことで目標利回りの達成を目指しましょう（図2－10）。

【目標利回り3％以上4％未満】

バランス運用タイプ：目標利回りが3％以上4％未満のあなたは、5つの種類に配分して**「国内株式10％」「先進国株式30％」「新興国株式20％」「先進国債券30％」「新興国債券10％」のポートフォリオ**で運用すれ

図 2-11 **資産活用層のポートフォリオ バランス運用タイプ**

〈バランス運用タイプ〉

目標利回り：3%以上4%未満

〈望ましい資産配分〉

国内株式	10%
先進国株式	30%
新興国株式	20%
先進国債券	30%
新興国債券	10%
合計	100%

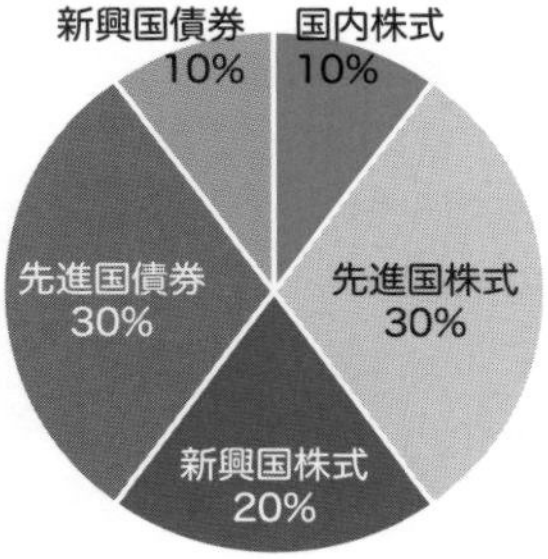

ば、無理なく目標利回りを達成できるでしょう（図2－11）。

【目標利回り3％未満】

安定運用タイプ：目標利回りが3％未満のあなたは、安定運用タイプに当てはまります。新興国のようにリスクが比較的高い投信を購入する必要はありません。**「国内株式10％」「先進国株式20％」「国内債券20％」「先進国債券50％」のポートフォリオ**で安定的に運用しましょう（図2－12）。

【目標利回り6％以上】

投信、資産運用には不向き：**目標利回りが6％以上になってしまったあなたには、**

図 2-12 **資産活用層のポートフォリオ 安定運用タイプ**

〈安定運用タイプ〉

目標利回り：3％未満

〈望ましい資産配分〉

国内株式	10%
先進国株式	20%
国内債券	20%
先進国債券	50%
合計	100%

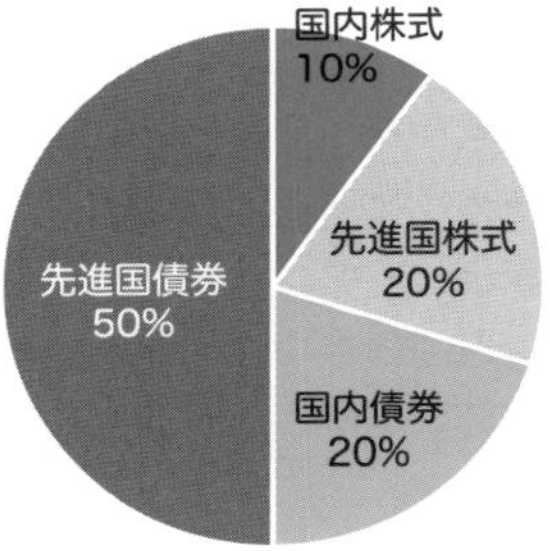

残念ながら投信での資産運用はおすすめできません。

「6％以上のパフォーマンスをあげている投信だってあるのに、どうして？」

と思われた方は、投信は本来、中長期的な目標のもとに資産を運用するための金融商品だということをもう一度思い出してください。

たしかに、単年で6％のパフォーマンスをあげることのできる投信はたくさんあります。ただし、それはあくまでも単年での話。**継続して毎年6％以上のパフォーマンスを達成するポートフォリオを組むのは至難のわざ**です。

目標利回りが6％以上になってしまった

図 2-13 ポートフォリオのリスクとリターン

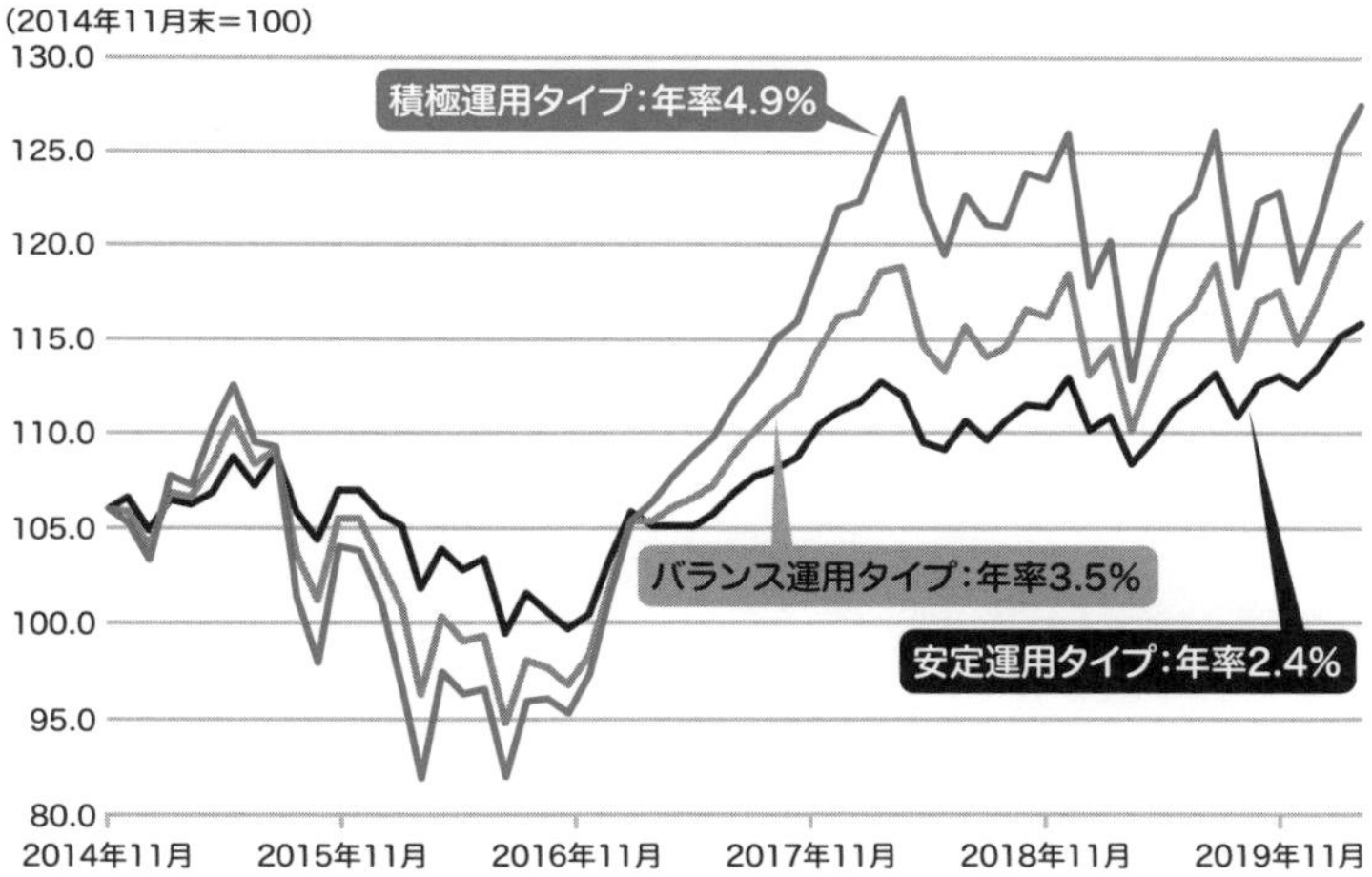

※上図は以下のインデックスの2019年11月末時点における過去5年間の月次データに基づく　※国内株式＝TOPIX（配当込み）、先進国株式＝MSCIコクサイ指数（配当込み、円ベース）、新興国株式＝MSCIエマージング指数（配当込み、円ベース）、国内債券＝NOMURA－BPI総合指数、先進国債券＝FTSE世界国債（除く日本、円ベース）、新興国債券＝JPモルガン・ガバメント・ボンド・インデックス-エマージング・マーケッツ・グローバル・ディバーシファイド（円ベース）　※円ベースのインデックス値は、各インデックスのドルベースの月末値×TTM（三菱UFJ銀行）の月末値で算出　※安定＝国内株式：10%、先進国株式：20%、国内債券20%、先進国債券：50%、バランス＝国内株式：10%、先進国株式：30%、新興国株式：20%、先進国債券：30%、新興国債券：10%、積極＝国内株式：10%、先進国株式：50%、新興国株式：40%
出所：モーニングスター作成

ら、最初に戻ってプランを練り直しましょう。ライフイベントまでの期間を延ばせないか、毎日もう少しだけ節約したり、保険や住宅ローンを見直したりして毎月の積立額を増やせないか、ライフイベントの予算を見直して目標金額を調整できないか……。

改善できる箇所が見つかったら、改めて目標利回りを計算してみてください。

図2－13は、「積極運用タイプ」「バランス運用タイプ」「安定運用タイプ」のポートフォ

リオで2014年11月から2019年11月までの5年間運用した場合の運用利回りを試算したものです。

積極運用タイプは年率4・9%、バランス運用タイプは年率3・5%、安定運用タイプは年率2・4%となっています。

投資信託の「目論見書」とは？

投信を買おうとすると、必ず目にとまるのが「目論見書」です。聞きなれない名前ですが、その投信の仕組みや注意点などの情報が記載された「トリセツ」だとイメージするとわかりやすいでしょう。

販売会社や運用会社のサイトで個別の投信のページにアクセスすれば、ＰＤＦなどで閲覧できます。

目論見書は少々難しそうに見えるものが多いのですが、ポイントさえ押さえれば読み解くのは難しくありません。

まず目論見書の表紙を見ると、ファンドの正式な名前、投資対象地域や投資対象資産などがわかります。

中に記載されている主な項目は、「投信の目的・特色」「投資リスク」「運用実績」「手続き・手数料」などです。

それぞれ、どんな商品に投資するのか、どのような手法で運用するのか、どの程度の運用成果を目指しているのか、どのような分配の方針なのかといった商品の特徴のほか、基準価額の変動要因、購入時や運用中にかかるコストなどが説明されています。

投信を買う際に気になることがあるときや、より詳しい情報を得たい場合は、目を通してみるとよいでしょう。

CHAPTER

3

スマホで簡単 投資信託はこう選ぶ！

投信を選ぶ前に
——インデックス連動型VSアクティブ型

投信は、運用方法に着目すると**「インデックスファンド」**と**「アクティブファンド」**の2つに分類できます。この分類は、投信を選ぶうえで非常に重要なポイントです。その違いをよく見てみましょう（図3-1）。

インデックスファンドとは、日経平均株価や東証株価指数（TOPIX）などの指数（インデックス）をベンチマークとし、値動きが指数に連動するように設定された投信のことです。

たとえば、日経平均株価に連動するタイプの国内株式ファンドなら、日経平均株価を構成する225銘柄に投資するとイメージしてください。インデックスファンドを買うのは「市場全体」を保有することにほかならず、多くの銘柄に偏りなく分散投資できるのが特徴の1つといえます。

一般に、インデックスファンドは日々のインデックスに投信の値動きを合わせるように

図3-1 インデックスファンドとアクティブファンドの比較

	インデックスファンド	アクティブファンド
投資目標	指数に連動する 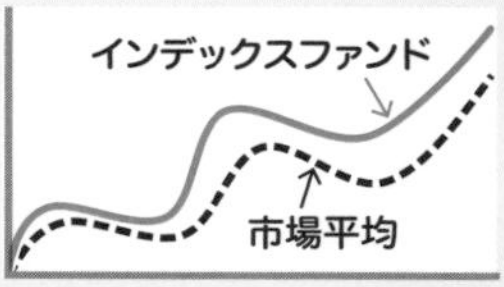	指数を上回る パフォーマンスを目指す 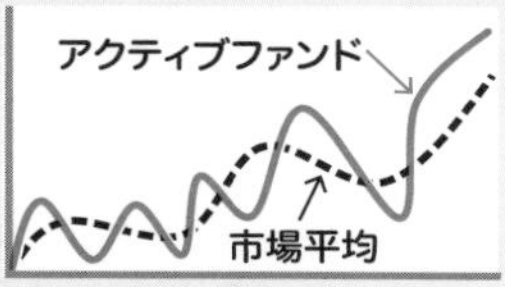
コスト	低い	高い
商品ごとの 運用成績	あまり差がない	商品によって差がある

プログラムされたシステムによって運用されるため、アナリストが銘柄を調査・分析したり、ファンドマネジャーが投資のタイミングを考えたりすることはありません。

したがって、ファンドマネジャーの手腕によって運用成績が大きく左右されることはほとんどなく、同じ指数に連動する商品なら運用成績は同じだと考えて差し支えありません。

インデックスファンドは、組入銘柄の選定のための調査などに手間をかける必要がありません。このため運用にかかるコストが低く、ノーロードの商品や信託報酬が低い商品が多いのも特徴の1つです。運用成績には差がないので、商品選びはコストをチェックするのが最も重要なポイントとなります。

○アクティブファンドは選ぶのに手間がかかる

一方、**アクティブファンドとは、インデックスを上回るパフォーマンスを目指して運用される投信**をいいます。

ファンドマネジャーやアナリストをはじめとする多くの人が、銘柄選定や投資のタイミングに日々の時間を費やしており、運用成績は運用方針やファンドマネジャーの手腕しだいで大きく変わります。このため、同じような運用方針に見える日本株ファンドでも、商品によって運用成績には大きな差がつきます。

アクティブファンドを選ぶ場合は、コストだけでなく、ファンドの運用方針や過去の運用成績などをさまざまな観点で細かくチェックする必要があります。

運用会社やファンドマネジャーを慎重に選ばなければならないという点では、アクティブファンドは手間がかかるといえるでしょう。

また、アクティブファンドはインデックスファンドに比べて組入銘柄が少ない傾向にあり、数十銘柄程度の銘柄数で運用する場合もあります。

銘柄数が少ない集中投資では、「値上がりするときは値上がり率も高いが、下がるときは大きく下落する」、つまり**ハイリスク・ハイリターンの運用になりやすい**のも知っておきたいポイントです。

なお、アクティブファンドはファンドマネジャーによる企業調査など運用に手間がかかるため、**コストはインデックスファンドに比べて高くなりがち**なのも特徴といえます。

○アクティブファンドはインデックスファンドに勝てていないものが多い

インデックスファンドとアクティブファンドの特徴を知ると、「運用のプロがインデックスを上回る運用成績を目指すなら、アクティブファンドのほうが儲かるのではないか？」と考える人が多いかもしれません。

しかし、プロが運用するからといって高い運用成績が期待できるとは限りません。それどころか、実は**アクティブファンドはインデックスファンドに勝てていないものが多い**のです。図3－2は、日本株で運用されているアクティブファンドについて、ＴＯＰＩＸを上回る運用成績をあげたものがどれくらいあったかを調べたデータです。毎年のデータを見ると、過去20年間でアクティブファンドの半数以上がＴＯＰＩＸを上回ったのは6年だけだったことがわかります。

アクティブファンドの中には、高いパフォーマンスを出し続けているものもあります。しかし、優れたアクティブファンドは多いとはいえず、選び出すのは大変です。

アクティブファンドで運用するなら、定期的に運用方針や運用体制の変更がないかなどをチェックする手間もかかります。特に、仕事などで多忙な現役世代にはアクティブファンドは不向きでしょう。

インデックスファンドの**「コストを抑えた運用ができる」「市場全体を保有するので多くの銘柄に分散投資ができる」「優秀なアクティブファンドを探す手間と時間が省ける」**というメリットを考えると、**投資初心者をはじめ、幅広い人にベストな選択はインデックスファンド**だといえます。
そこで、本章ではインデックスファンドを対象としてポートフォリオに組み入れるべき投信の選び方を紹介します。「アクティブファンド選びにチャレンジしてみたい」という方には、第４章でそのポイントをご紹介します。

図 3-2 日本株アクティブファンドの勝率

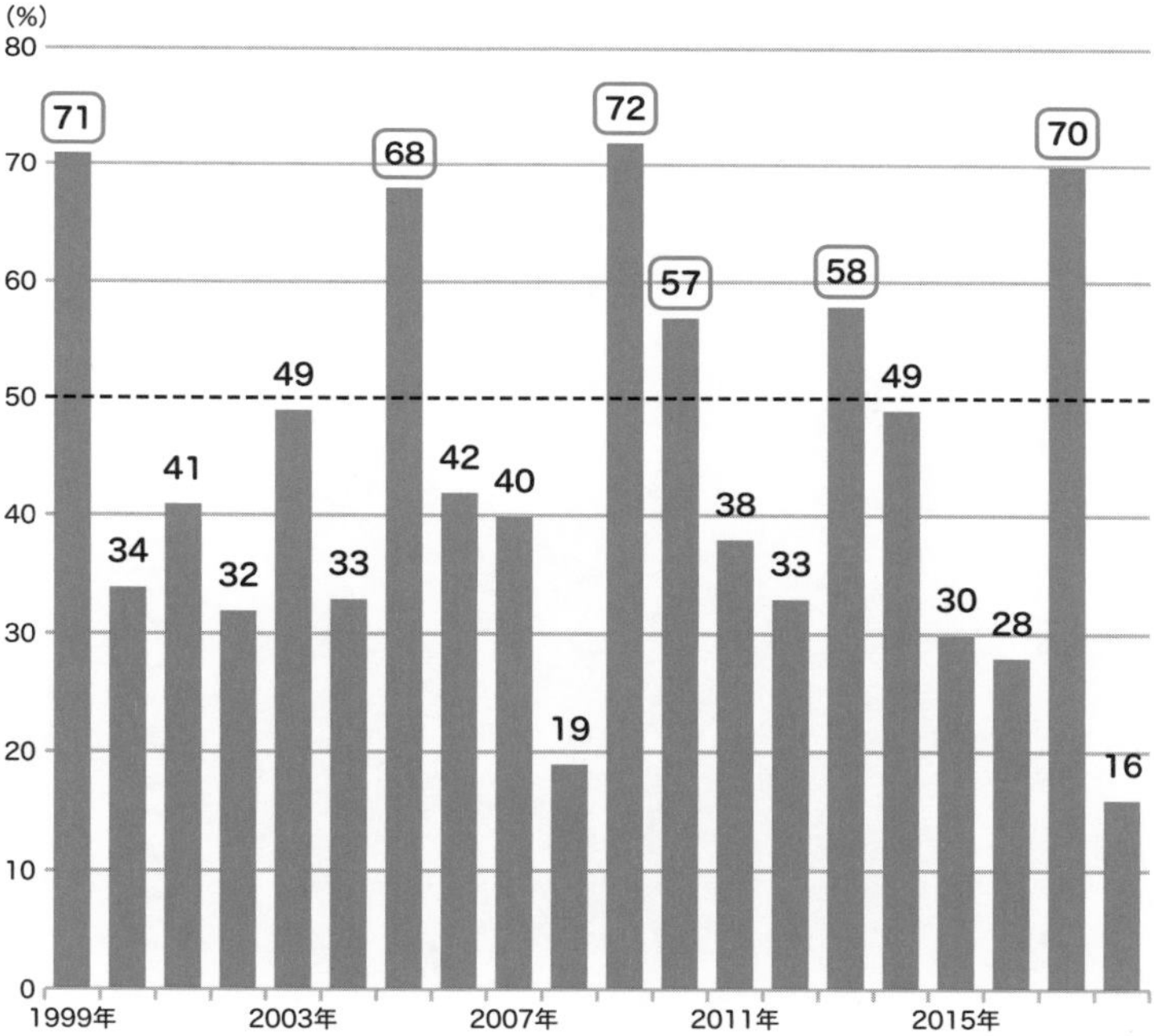

※国内公募追加型株式投信(確定拠出年金及びファンドラップ専用ファンド含む) ※日本株アクティブファンド＝2018年12月末時点でモーニングスターカテゴリー「大型グロース」「大型ブレンド」「大型バリュー」に属するアクティブファンド ※ベンチマークは「TOPIX(配当込み)」 ※期間：1999年〜2018年(年次)
出所：モーニングスター作成

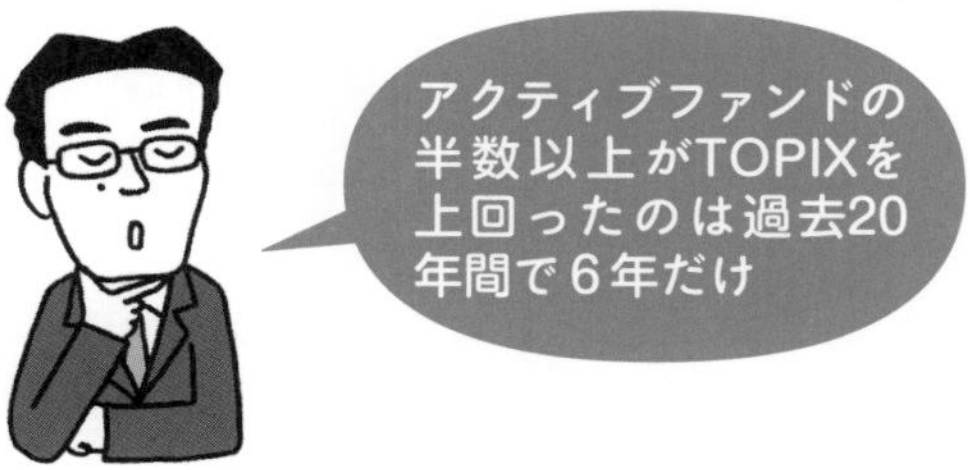

国内株式型インデックスファンドの選び方

それでは、国内株式型インデックスファンドから投信選びを始めていきましょう。

使用するのは、モーニングスターのスマホアプリ**「Ｍｙ投資信託」**です。

アプリを開いたら、画面下の「検索」をタップし（図３－３①）、次に「詳細条件を指定」ボタンをタップして（図３－３②）、検索条件を指定する画面を開いてください（図３－３③）。検索条件を指定できる項目は多岐にわたりますが、ここでは以下の①～⑤の５つの項目について条件を指定していきます。

ここから図３－４で説明します。

【主な検索項目】

①データ対象範囲：「主要公募投信（ＤＣ専用・ＳＭＡ専用・ＥＴＦ除く）」が選択されていることを確認します（１０７ページ図３－４①）。ＤＣは確定拠出年金専用ファンドの

図 3-3 「My投資信託」で国内株式型インデックスファンドを検索する

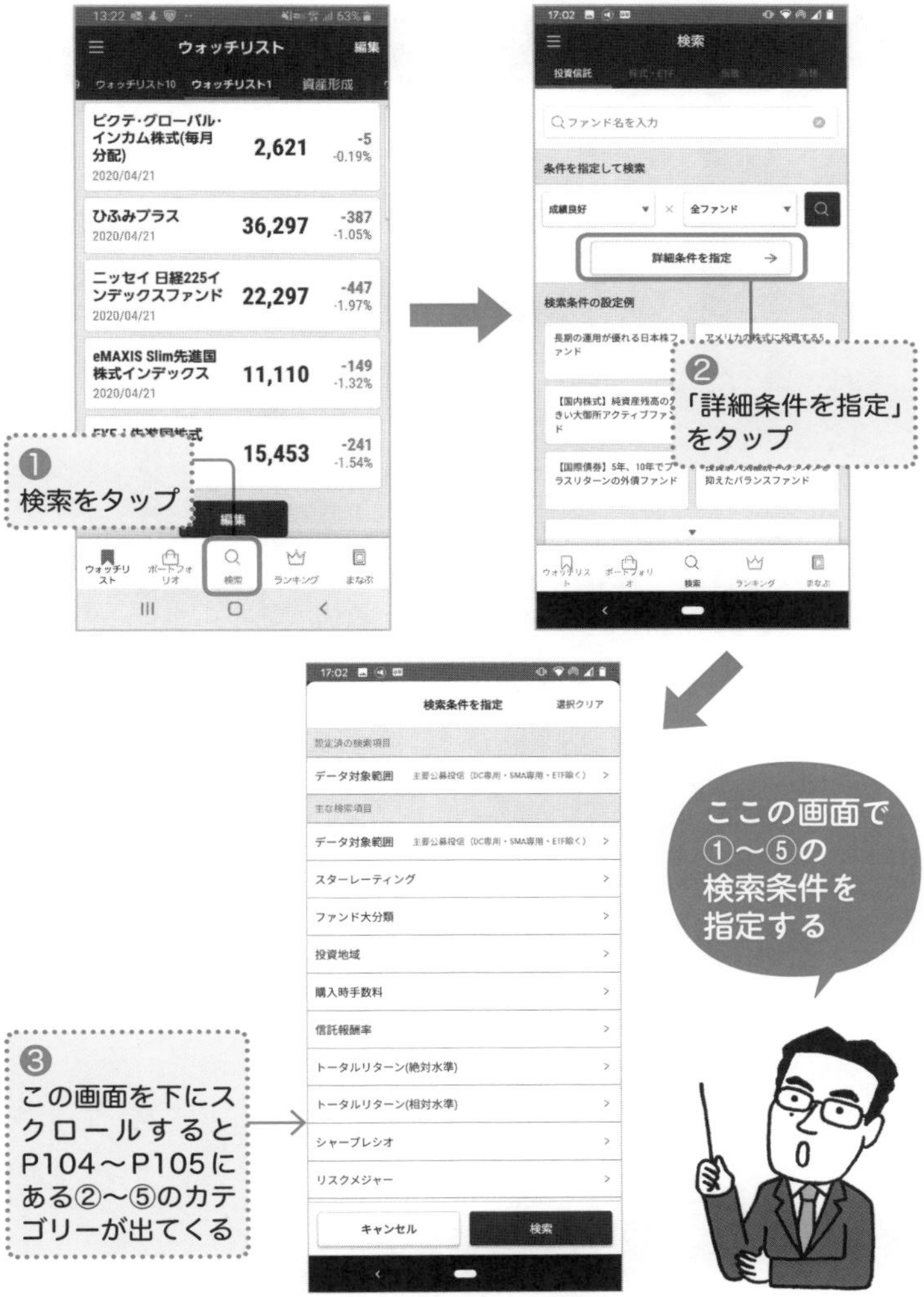

ことをSMA（ラップ口座）とは金融機関が投資家と契約を結んで運用から管理までを行う口座のことをいいます。

ここでは、すべての投資家が購入できる投信を選びたいので、DC専用とSMA専用のファンドは除外します。また、ETF（上場投資信託）は株式のように上場されているものです。少額からの投資にはあまりなじまないため、本書ではこれも除外します。

②償還までの期間：「無期限」を選択します（図3－4②）。償還とは、投資信託の運用期間が終わり、信託財産の精算を行い、投資家に対して投資口数に応じた償還金を返還することをいいます。本書では長期での資産運用を前提としていますから、運用期間中に償還されることをなるべく避けるために償還日を「無期限」としているものを選びます。

③純資産規模：「10億円以上」を選択します（図3－4③）。純資産とは、その投信がどのくらいの規模のお金を投資家から集めて運用しているかを示す数字です。規模が小さすぎると目論見書に記載されている当初の償還日より早く償還されてしまうおそれがあるため、安定した運用規模といえる10億円以上を選ぶことにしましょう。

【投資対象】

④モーニングスターカテゴリー：国内株式型のうち「国内大型バリュー」「国内大型ブレンド」「国内大型グロース」「国内中型バリュー」「国内中型ブレンド」「国内中型グロース」の6つを複数選択し、右下の「決定」ボタンをタップします（図3－4④）。小型株は資産運用の中心に据えるのは不向きなため、ここでは除外しています。

【運用戦略】

⑤インデックスファンド：「インデックスファンドのみ」を選択します（図3－4⑤）。

5項目の条件を選択したら、画面右下の「検索」ボタンをタップしましょう（図3－4⑥）。検索結果が表示されたら、画面右上の「並び替え」ボタンをタップし（図3－4⑦）、「信託報酬：低い順」を選択します（図3－4⑧）。すると指定した条件に当てはまるファンドが信託報酬の低い順に並べて表示されます（図3－4⑨）。

次に、リストの上位のものをチェックします。それぞれのファンド名をタップして見ていきましょう。インデックスファンドはなんといってもコストの低さが魅力ですから、投

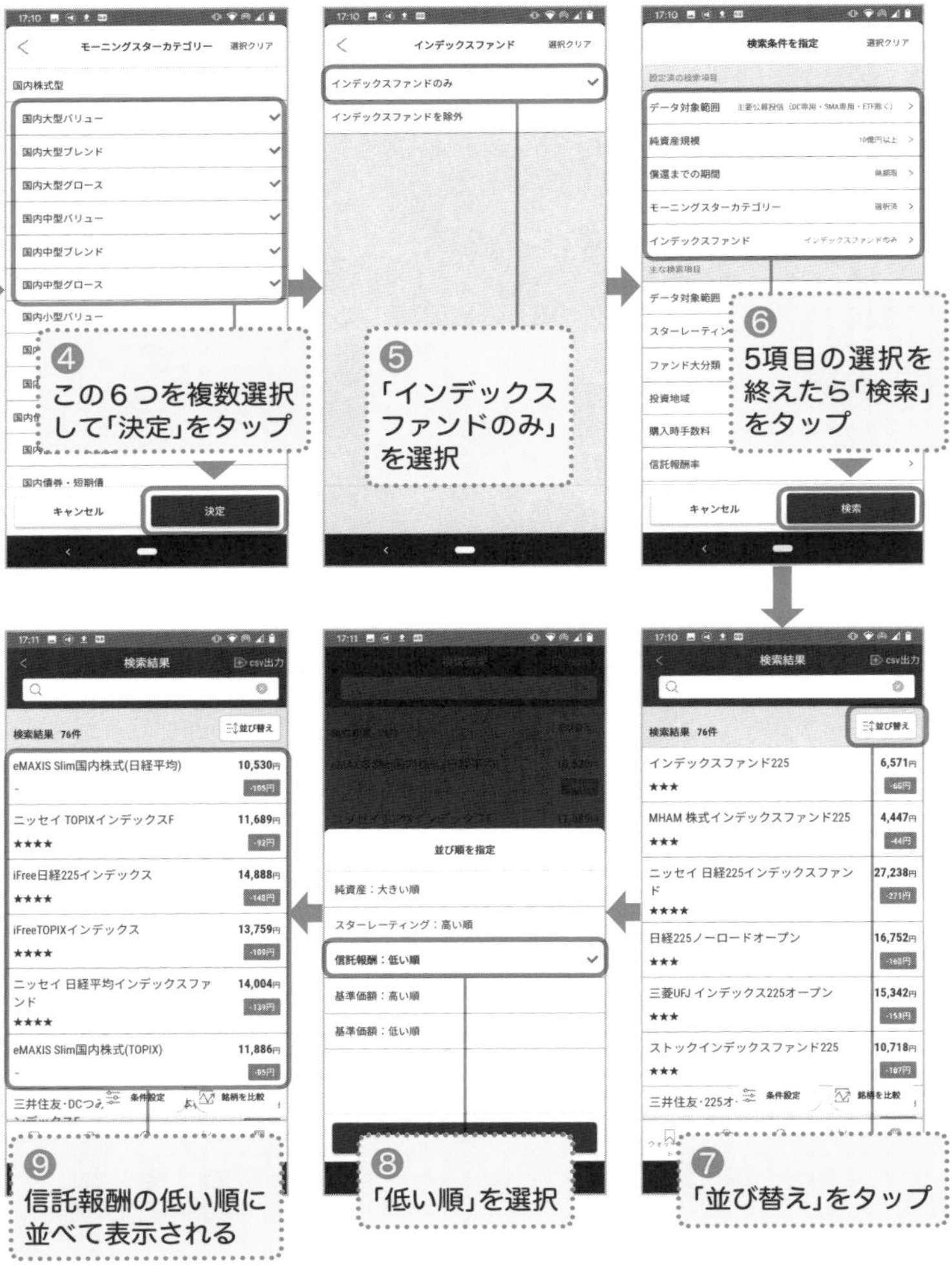
モーニングスターカテゴリー
選択クリア
国内株式型
国内大型バリュー
国内大型ブレンド
国内大型グロース
国内中型バリュー
国内中型ブレンド
国内中型グロース
国内小型バリュー
国内債券・短期債
キャンセル
決定
❹
この６つを複数選択して「決定」をタップ
インデックスファンド
選択クリア
インデックスファンドのみ
インデックスファンドを除外
❺
「インデックスファンドのみ」を選択
検索条件を指定
選択クリア
データ対象範囲
純資産規模
償還までの期間
モーニングスターカテゴリー
インデックスファンド
データ対象範囲
スターレーティング
ファンド大分類
投資地域
購入時手数料
信託報酬率
キャンセル
検索
❻
5項目の選択を終えたら「検索」をタップ
検索結果
csv出力
検索結果 76件
並び替え
インデックスファンド225
6,571円
MHAM 株式インデックスファンド225
4,447円
ニッセイ 日経225インデックスファンド
27,238円
日経225ノーロードオープン
16,752円
三菱UFJ インデックス225オープン
15,342円
ストックインデックスファンド225
10,718円
三井住友・225オ・
条件設定
銘柄を比較
❼
「並び替え」をタップ
並び順を指定
純資産：大きい順
スターレーティング：高い順
信託報酬：低い順
基準価額：高い順
基準価額：低い順
❽
「低い順」を選択
検索結果
csv出力
検索結果 76件
並び替え
eMAXIS Slim国内株式(日経平均)
10,530円
ニッセイ TOPIXインデックスF
11,689円
iFree日経225インデックス
14,888円
iFreeTOPIXインデックス
13,759円
ニッセイ 日経平均インデックスファンド
14,004円
eMAXIS Slim国内株式(TOPIX)
11,886円
三井住友・DCつみ
条件設定
銘柄を比較
❾
信託報酬の低い順に並べて表示される

図3-4 「My投資信託」で国内株式型インデックスファンドを検索する②

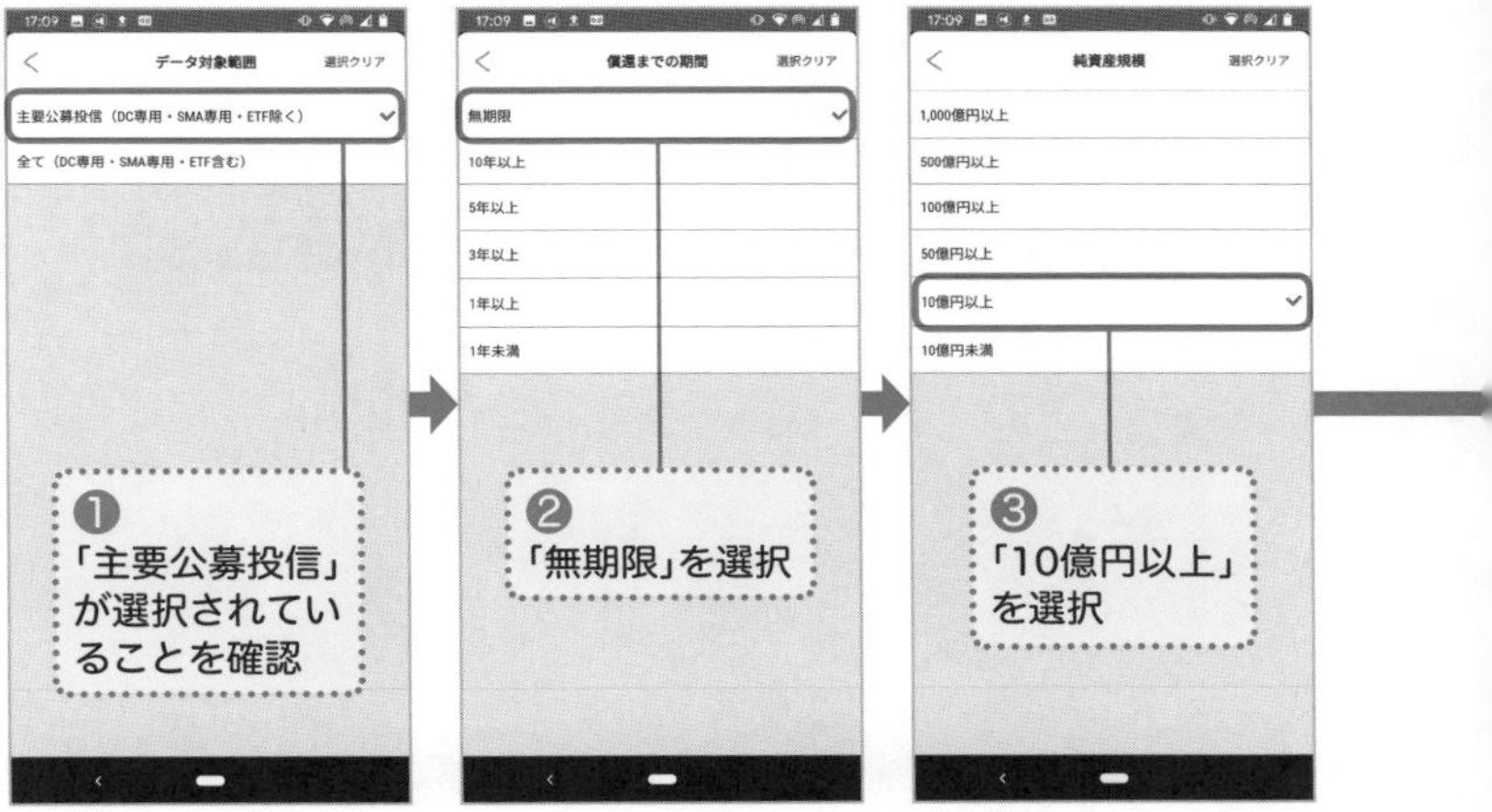

信を比較する際にも注目すべきはコストです。

「信託報酬率（税込）」の欄を確認すると、リスト上位6本の〈eMAXIS Slim国内株式（日経平均）〉、〈ニッセイTOPIXインデックスファンド〉〈iFree日経225インデックス〉〈iFree TOPIXインデックス〉〈ニッセイ日経平均インデックスファンド〉〈eMAXIS Slim国内株式（TOPIX）〉が、いずれも0・15%で最も低いことが分かります（図3-5）。ポートフォリオに組み入れる候補になりうるのは、この6本です。

iFree TOPIXインデックス

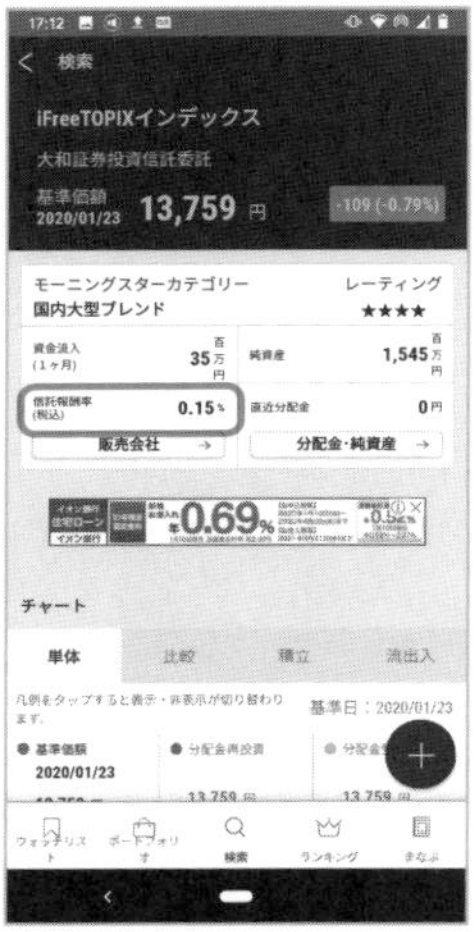

ニッセイ日経平均インデックスファンド

eMAXIS Slim国内株式（TOPIX）

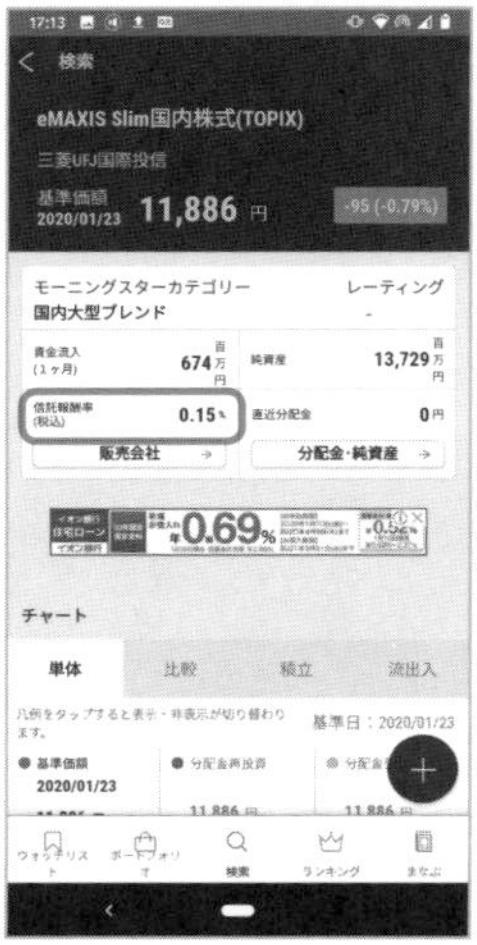

図 3-5　条件に当てはまるファンドは、この6本！

eMAXIS Slim国内株式(日経平均)

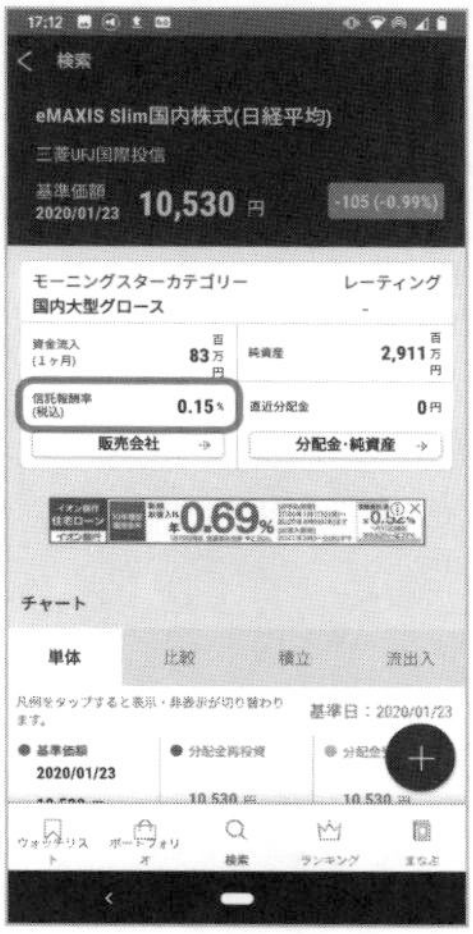

ニッセイTOPIXインデックスファンド

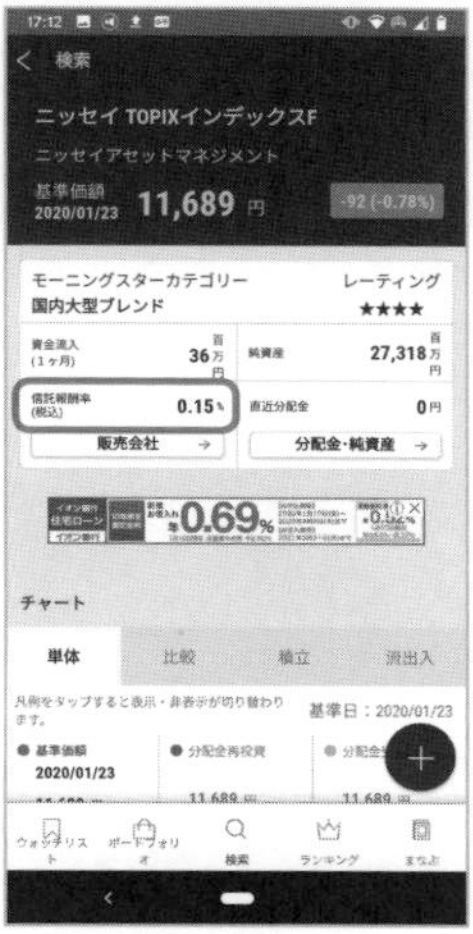

iFree日経225インデックス

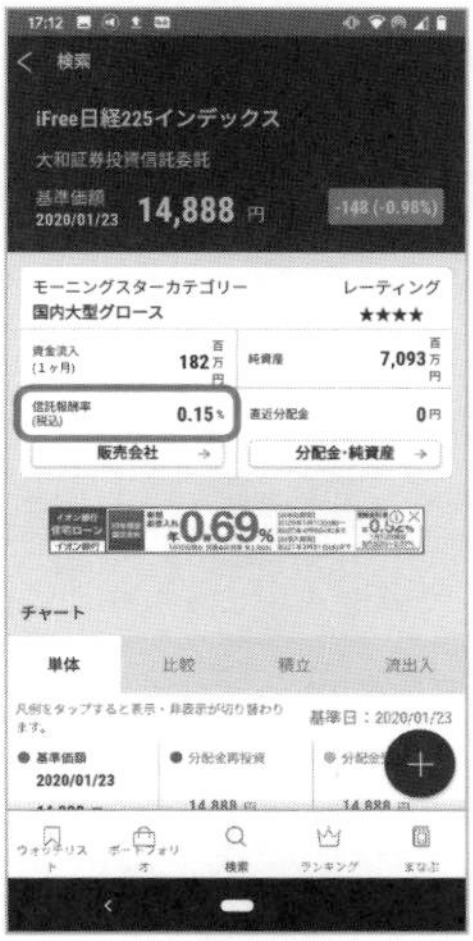

○日経平均とTOPIXでは、実績の大きな違いはない

国内株式型の場合、主なインデックスとして**日経平均株価とTOPIX**があります。

日経平均株価は、東証一部に上場している企業のうち、比較的規模が大きく、流動性の高い会社225銘柄の「株価」の平均を算出したものです。

したがって、価格の高い銘柄（「値がさ株」と呼ばれます）の株価が大きく動くと、指数も大きく変動する傾向があります。

一方TOPIXとは、東証一部の2000を超える全銘柄の「時価総額（発行済株式数×株価）」が、「基準時価総額（1968年1月4日の東証一部の時価総額）」からどのくらい増加したのかを計算したものです。

日経平均が株価の単純平均であるのに対して、TOPIXは、株価に加えて発行済株式数も考慮に入れた株価の平均です。したがって、株価は高いけれど発行済株式数が少ない会社よりも、株価はあまり高くないけれど発行済株式数が多い会社のほうが大きく影響するという特徴があります。

日経平均とTOPIXは、過去25年間の推移（図3－6）を見るとおおむね実績の違い

図 3-6　日経平均とTOPIXの過去 25 年間の推移

	配当なし	配当込み
日経平均	0.80%	2.07%
TOPIX	0.45%	1.90%

期間：1994年11月~2019年11月(月次)
出所：モーニングスター作成

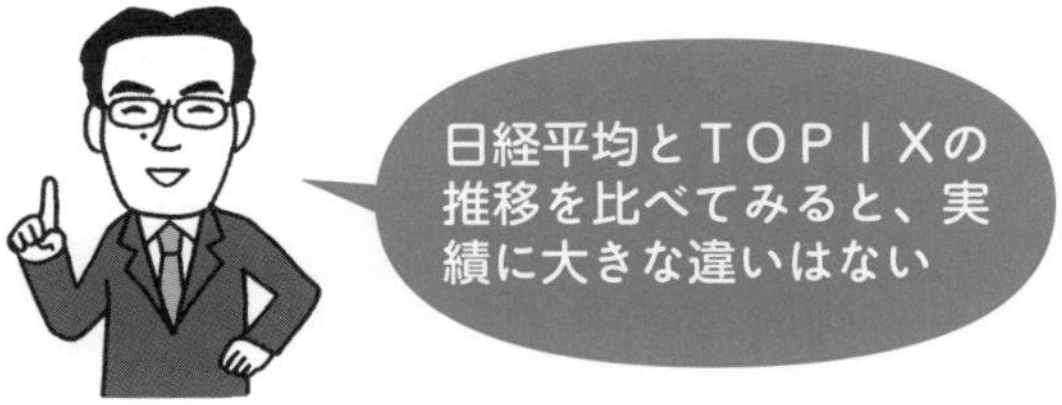

はありません。どちらに連動するタイプを選ぶべきかについては重視するポイントによって変わります。

より組入銘柄が多く分散効果が高いのはＴＯＰＩＸ連動型ですが、日経平均株価はニュースなどでもよく取り上げられるので情報に触れやすいというメリットがあります。

ＴＯＰＩＸは２０２０年３月時点で今後見直しが見込まれていることもあり、ここでは日経平均株価連動型を選ぶことにします。

○ポートフォリオに組み入れるべき3本はこれ

したがって、国内株式型インデックスファンドについては、

〈eMAXIS Slim国内株式（日経平均）〉

〈iFree日経225インデックス〉

〈ニッセイ日経平均インデックスファンド〉

の３本がポートフォリオに組み入れるべきファンドということになります。３本のうちどれを選んでも構いません。

先進国株式型インデックスファンドの選び方

本節では、先進国株式型投信の選び方について説明していきます。

基本的な流れは、先に説明した国内株式型投信と同じです。「My投資信託」で検索条件を指定する画面を開き、以下の5つの項目について条件を指定してください。

【主な検索項目】

①データ対象範囲：「主要公募投信（DC専用・SMA専用・ETF除く）」が選択されていることを確認します。

②償還までの期間：「無期限」を選択します。

③純資産規模：「10億円以上」を選択します。

ここから図3－7で説明します。

【投資対象】

④モーニングスターカテゴリー：「国際株式・グローバル・除く日本（為替ヘッジ無）」を選択し、「決定」をタップします（図3－7①②）。この分類を選べば、単一の国・地域ではなく複数の国・地域に分散投資している投信を抽出することができます。

また、「除く日本」を選ぶのは、ポートフォリオに別途組み入れる国内株式型投信との重複を避けるためです。さらに、「為替ヘッジ無」とは外国為替レートの変動により損失が発生するリスクを回避していない投信のことです。

これに対し、為替変動リスクを回避しているタイプ（「為替ヘッジ有」と表記されます）もありますが、リスクを回避するにはそれだけコストがかかりますから、そのぶんリターンが悪くなります。さまざまな資産クラスを組み入れることで通貨分散が図れますから、ここではなるべくコストがかからない「為替ヘッジ無」を選択します。

【運用戦略】

⑤インデックスファンド：「インデックスファンドのみ」を選択します。

図 3-7 「My投資信託」で先進国株式型インデックスファンドを検索する

以上、5項目の条件を選択したら、画面右下の「検索」ボタンをタップしましょう(図3-7③④)。

検索結果が表示されたら、画面右上の「並び替え」ボタンをタップし(図3-7⑤)、「信託報酬:低い順」を選択します。すると指定した条件に当てはまるファンドが信託報酬の低い順に表示されます(図3-7⑥)。

次に、リストの上位のものをチェックします。それぞれのファンド名をタップして見ていきましょう。

「信託報酬率（税込）」の欄を確認すると、リスト上位4本の**〈eMAXIS Slim先進国株式インデックス〉〈たわらノーロード先進国株式〉〈ニッセイ外国株式インデックスファンド〉〈eMAXIS Slim全世界株式（除く日本）〉**が、いずれも0・11％で最も低いことが分かります（図3－8）。候補になりうるのは、この4本です。

それぞれがどのようなインデックスに連動するファンドなのかは、「ファンドの特色」から確認できます（図3－9）。

〈eMAXIS Slim先進国株式インデックス〉〈たわらノーロード先進国株式〉〈ニッセイ外国株式インデックスファンド〉は、いずれも日本を除く先進国株式で構成されるMSCIコクサイ・インデックス（配当込み、円換算ベース）に連動するファンドであることが分かります。

一方**〈eMAXIS Slim全世界株式（除く日本）〉**はMSCIオール・カントリー・ワールド・インデックス（除く日本、配当込み、円換算ベース）に連動し、日本を除く先

図 3-8 「My投資信託」で
先進国株式型インデックスファンドを検索する②

図 3-9 「My投資信託」で
先進国株式型インデックスファンドを検索する③

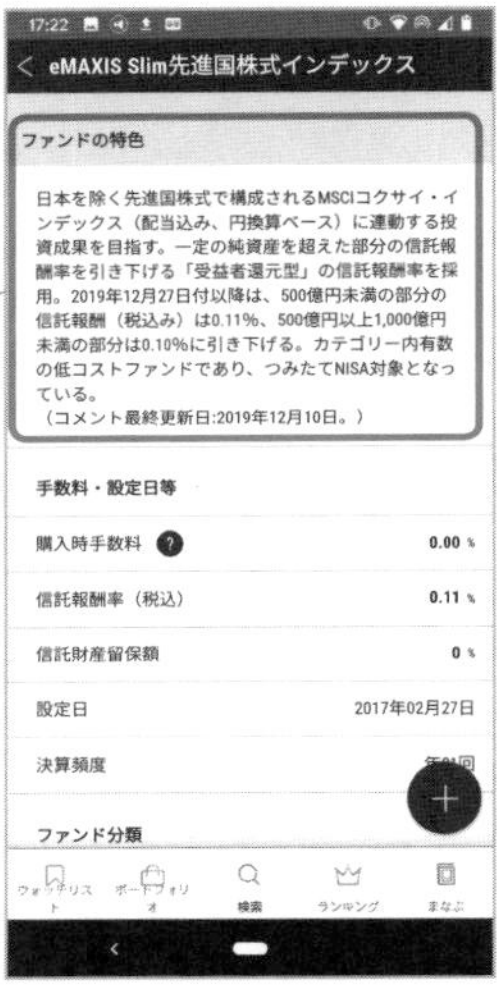

ファンドの特色

日本を除く先進国株式で構成されるMSCIコクサイ・インデックス（配当込み、円換算ベース）に連動する投資成果を目指す。一定の純資産を超えた部分の信託報酬率を引き下げる「受益者還元型」の信託報酬率を採用。2019年12月27日付以降は、500億円未満の部分の信託報酬（税込み）は0.11%、500億円以上1,000億円未満の部分は0.10%に引き下げる。カテゴリー内有数の低コストファンドであり、つみたてNISA対象となっている。

（コメント最終更新日:2019年12月10日。）

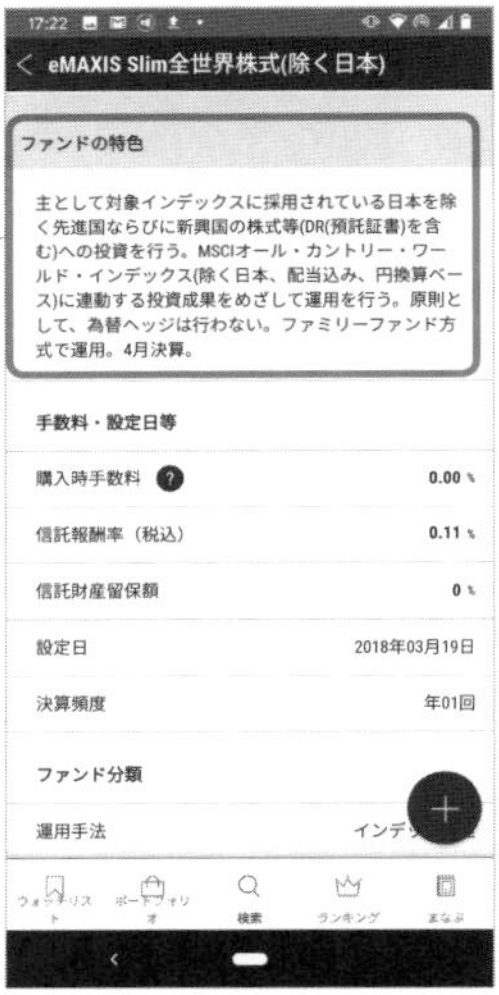

ファンドの特色

主として対象インデックスに採用されている日本を除く先進国ならびに新興国の株式等(DR(預託証書)を含む)への投資を行う。MSCIオール・カントリー・ワールド・インデックス(除く日本、配当込み、円換算ベース)に連動する投資成果をめざして運用を行う。原則として、為替ヘッジは行わない。ファミリーファンド方式で運用。4月決算。

進国ならびに新興国の株式などへの投資を行うファンドです（図3－9下）。ここでは新興国株を含まないファンドを選びたいので、ＭＳＣＩコクサイ・インデックス（配当込み、円換算ベース）に連動するものが対象になります。

つまり先進国株式型インデックスファンドについては、

〈eMAXIS Slim先進国株式インデックス〉

〈たわらノーロード先進国株式〉

〈ニッセイ外国株式インデックスファンド〉

がポートフォリオに組み入れるべきファンドということになります。3本のうちどれを選んでも構いません。

新興国株式型インデックスファンドの選び方

続いて、新興国株式型投信の選び方について説明していきます。

「Ｍｙ投資信託」で検索条件を指定する画面を開き、以下の５つの項目について条件を指定してください。

【主な検索項目】

①データ対象範囲：「主要公募投信（ＤＣ専用・ＳＭＡ専用・ＥＴＦ除く）」が選択されていることを確認します。

②償還までの期間：「無期限」を選択します。

③純資産規模：「10億円以上」を選択します。

ここから図3－10で説明します。

【投資対象】

④モーニングスターカテゴリー：「国際株式・エマージング・複数国（為替ヘッジ無）」を選択し、「決定」をタップします。前節で見た先進国株式型と同様、単一の国・地域ではなく複数の国・地域に分散投資していて、為替変動リスクを回避していない投信を抽出します。

【運用戦略】

⑤インデックスファンド：「インデックスファンドのみ」を選択します。

5項目の条件を選択したら、画面右下の「検索」ボタンをタップしましょう。検索結果が表示されたら、画面右上の「並び替え」ボタンをタップし、「信託報酬：低い順」を選択します。すると指定した条件に当てはまるファンドが信託報酬の低い順に並べて表示されます。

図 3-10 「My投資信託」で新興国株式型インデックスファンドを検索する

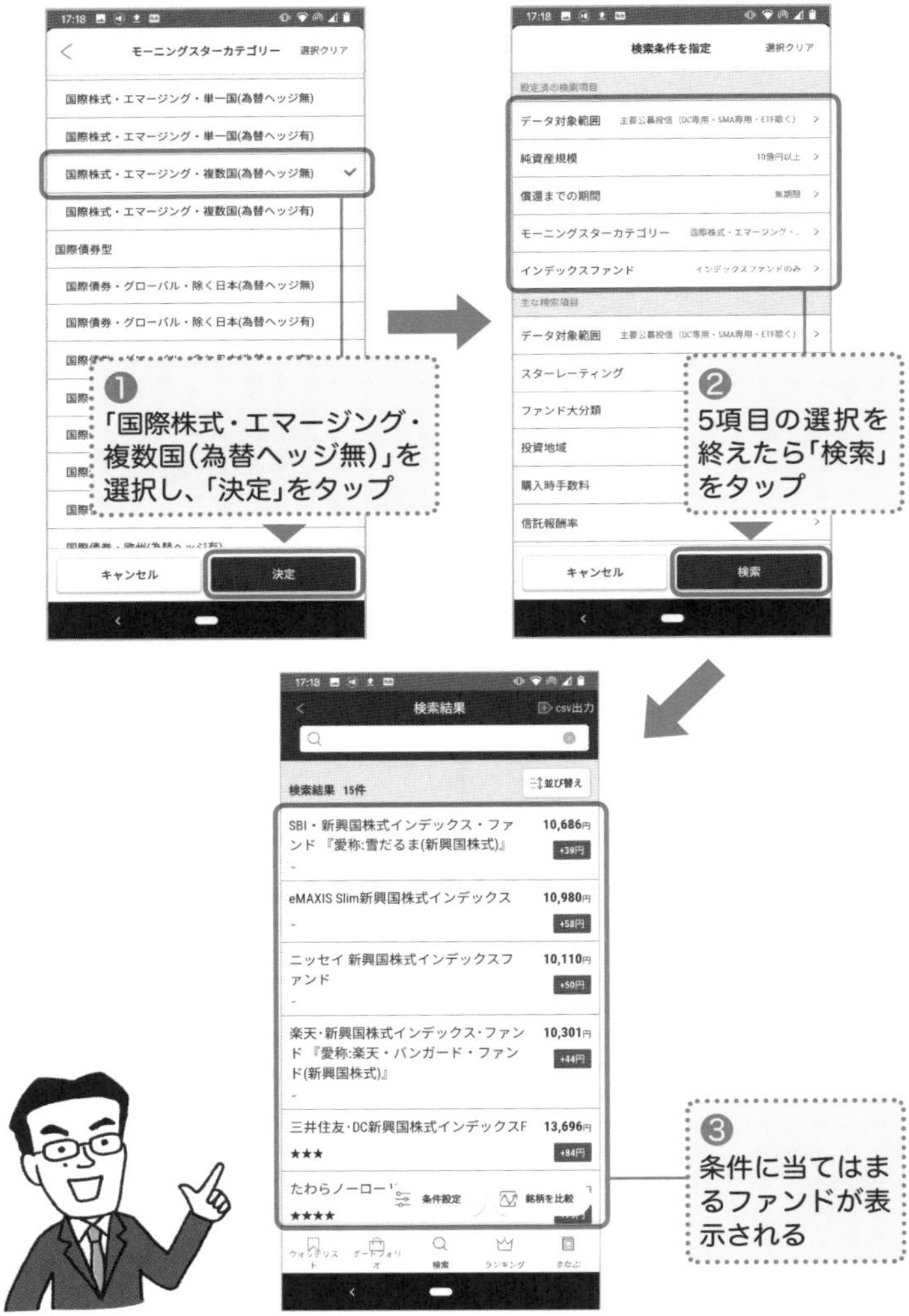

図 3-11 「My投資信託」で新興国株式型インデックスファンドを検索する②

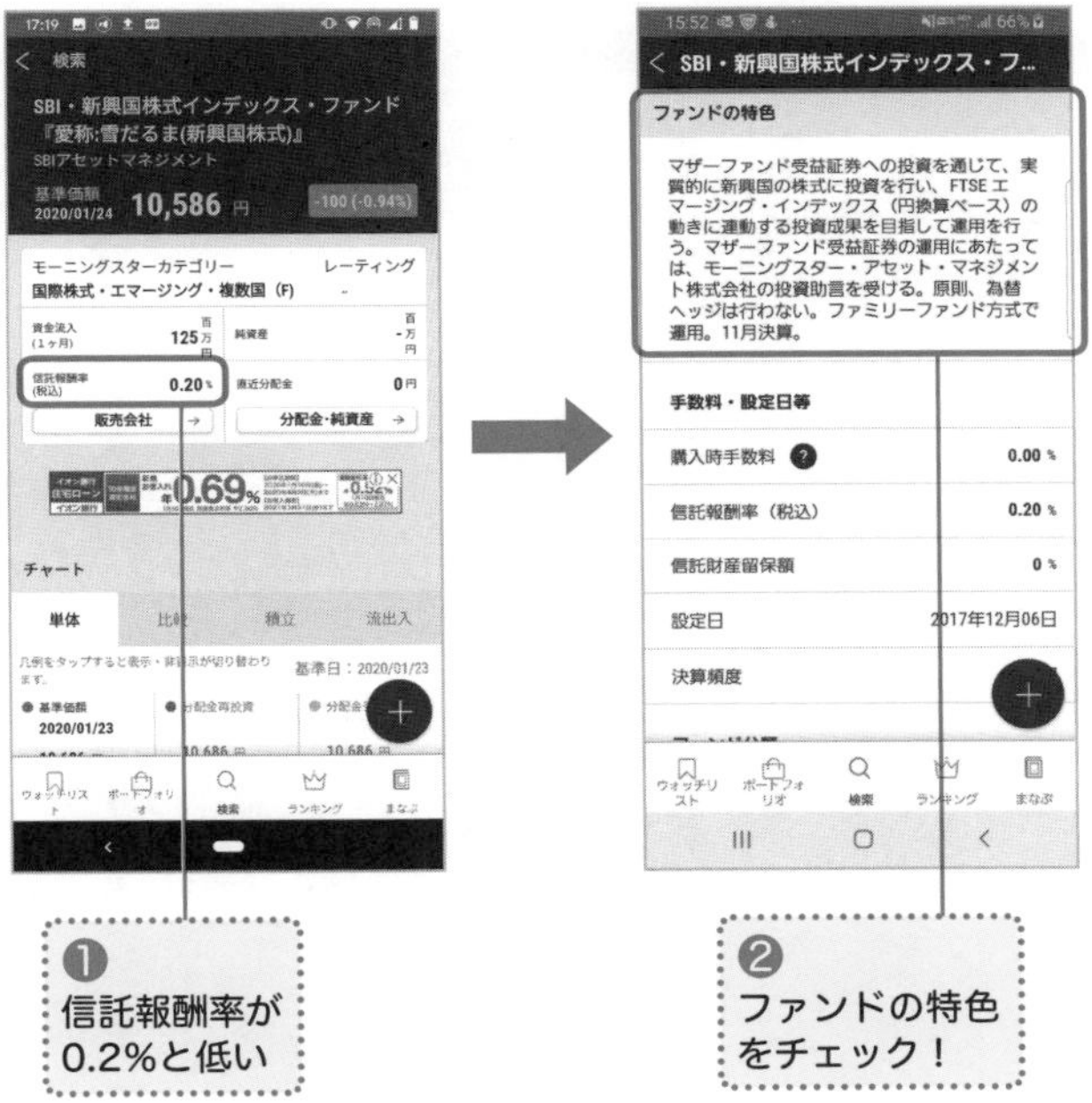

次に、リストの上位のものをチェックします。それぞれのファンド名をタップして見ていきましょう。

「信託報酬率（税込）」の欄を確認すると、信託報酬率が0・2%と最も低いのが〈SBI・新興国株式インデックス・ファンド『愛称：雪だるま（新興国株式）』〉であることがわかります。念のため「ファンドの特色」もチェックすると、このファンドは実質的に新興国株式に投資し、FTSEエマージング・インデックス（円換算ベース）の動きに連動する投信だということが確認できます（図3－11）。

新興国株式型インデックスファンドについては、

〈SBI・新興国株式インデックス・ファンド『愛称：雪だるま』〉

がポートフォリオに組み入れるべきファンドということになります。

国内債券型インデックスファンドの選び方

本節からは債券型投信の選び方に進みます。基本的な考え方はこれまでに説明した株式型投信と同じです。まず、国内債券型インデックスファンドを選んでみましょう。「My投資信託」で検索条件を指定する画面を開き、以下の5つの項目について条件を指定してください。

【主な検索項目】

①データ対象範囲：「主要公募投信（DC専用・SMA専用・ETF除く）」が選択されていることを確認します。

②償還までの期間：「無期限」を選択します。

③純資産規模：「10億円以上」を選択します。

ここから図3－12で説明します。

【投資対象】

④モーニングスターカテゴリー：「国内債券・中長期債」を選択し、「決定」をタップします。

【運用戦略】

⑤インデックスファンド：「インデックスファンドのみ」を選択します。

5項目の条件を選択したら、画面右下の「検索」ボタンをタップしましょう。

検索結果が表示されたら、画面右上の「並び替え」ボタンをタップし、「信託報酬：低い順」を選択します。すると指定した条件に当てはまるファンドが信託報酬の低い順に並べて表示されます（図3－12③）。

次に、リストの上位のものをチェックします。それぞれのファンド名をタップして見ていきましょう。「信託報酬率（税込）」の欄を確認すると、リスト上位2本の**〈ニッセイ国内**

図3-12 「My投資信託」で国内債券型インデックスファンドを検索する

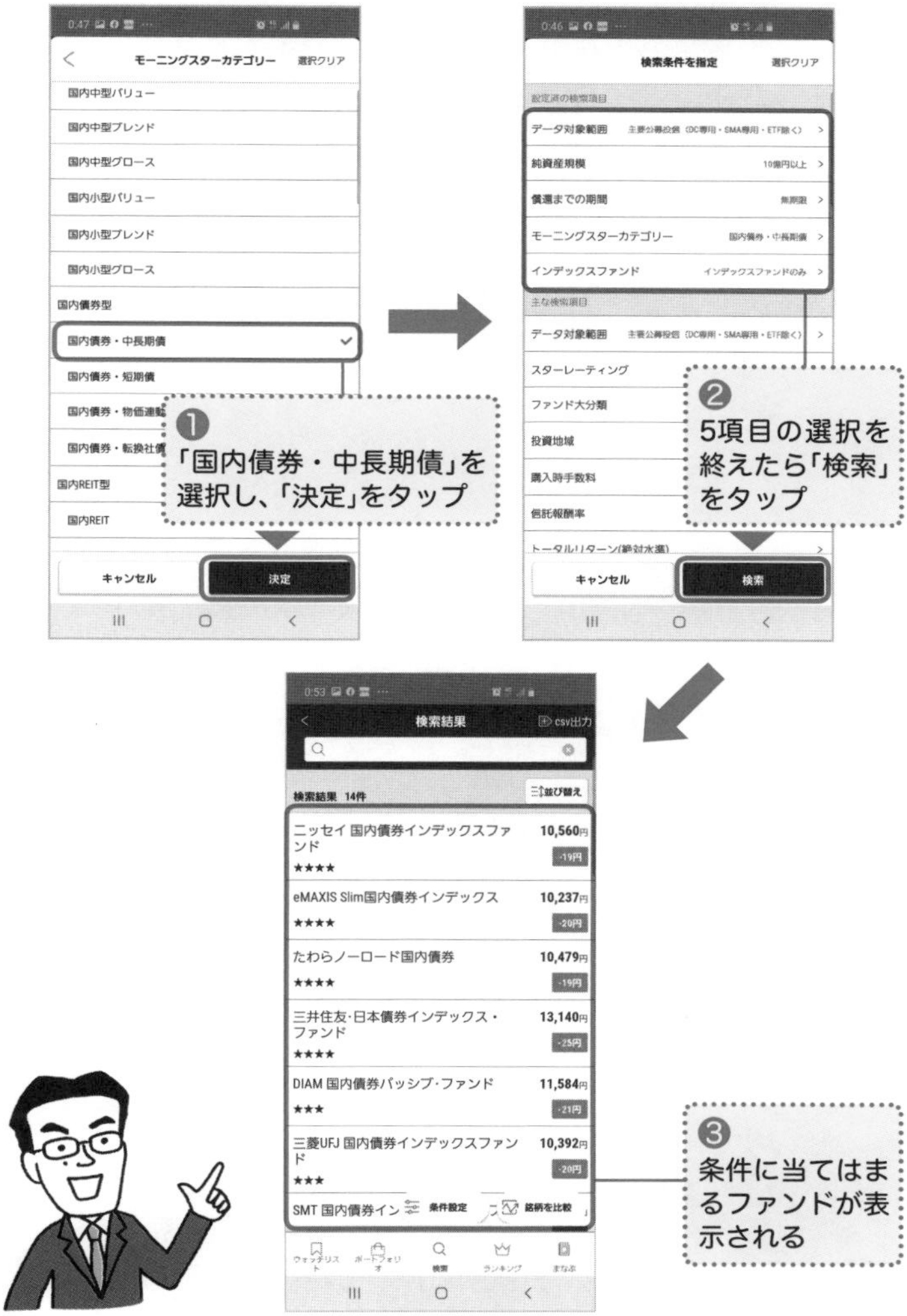

図 3-13 「My投資信託」で国内債券型インデックスファンドを検索する②

債券インデックスファンド〉〈eMAXIS Slim国内債券インデックス〉がいずれも0・13%で最も低いことが分かります（図3－13）。候補になりうるのは、この2本です。

それぞれがどのようなインデックスに連動するファンドなのか、「ファンドの特色」から確認しましょう。

〈ニッセイ外国債券インデックスファンド〉〈eMAXIS Slim国内債券インデックス〉は、いずれもNOMURA－BPI総合という指数に連動するファンドであることが分かります。

国内債券型インデックスファンドについては、

〈ニッセイ国内債券インデックスファンド〉

〈eMAXIS Slim国内債券インデックス〉

がポートフォリオに組み入れるべきファンドということになります。

2本のうち、どちらを選んでも構いません。

先進国債券型インデックスファンドの選び方

続いて、先進国債券型インデックスファンドを選んでみましょう。「Ｍｙ投資信託」で検索条件を指定する画面を開き、以下の５つの項目について条件を指定してください。

【主な検索項目】

①データ対象範囲：「主要公募投信（ＤＣ専用・ＳＭＡ専用・ＥＴＦ除く）」が選択されていることを確認します。

②償還までの期間：「無期限」を選択します。

③純資産規模：「10億円以上」を選択します。

ここから図3－14で説明します。

【投資対象】

④モーニングスターカテゴリー：「国際債券・グローバル・除く日本（為替ヘッジ無）」を選択します。先進国株式型のときと同じく、ここでも複数の国・地域に分散投資を行っているもの、為替変動リスクを回避していないものを選びます。

【運用戦略】

⑤インデックスファンド：「インデックスファンドのみ」を選択します。

5項目の条件を選択したら、画面右下の「検索」ボタンをタップしましょう。

検索結果が表示されたら、画面右上の「並び替え」ボタンをタップし、「信託報酬：低い順」を選択します。すると指定した条件に当てはまるファンドが信託報酬の低い順に並べて表示されます。

次に、リストの上位のものをチェックします。それぞれのファンド名をタップして見ていきましょう。「信託報酬率（税込）」の欄を確認すると、リスト上位2本の〈eMAXIS

図3-14 「My投資信託」で先進国債券型インデックスファンドを検索する

Slim先進国債券インデックス〉〈ニッセイ外国債券インデックスファンド〉がいずれも0・15%で最も低いことが分かります（図3－15）。候補になりうるのは、この2本です。

それぞれがどのようなインデックスに連動するファンドなのか、「ファンドの特色」から確認しましょう。

〈eMAXIS Slim先進国債券インデックス〉〈ニッセイ外国債券インデックスファンド〉はいずれもFTS

図 3-15 「My投資信託」で
先進国債券型インデックスファンドを検索する②

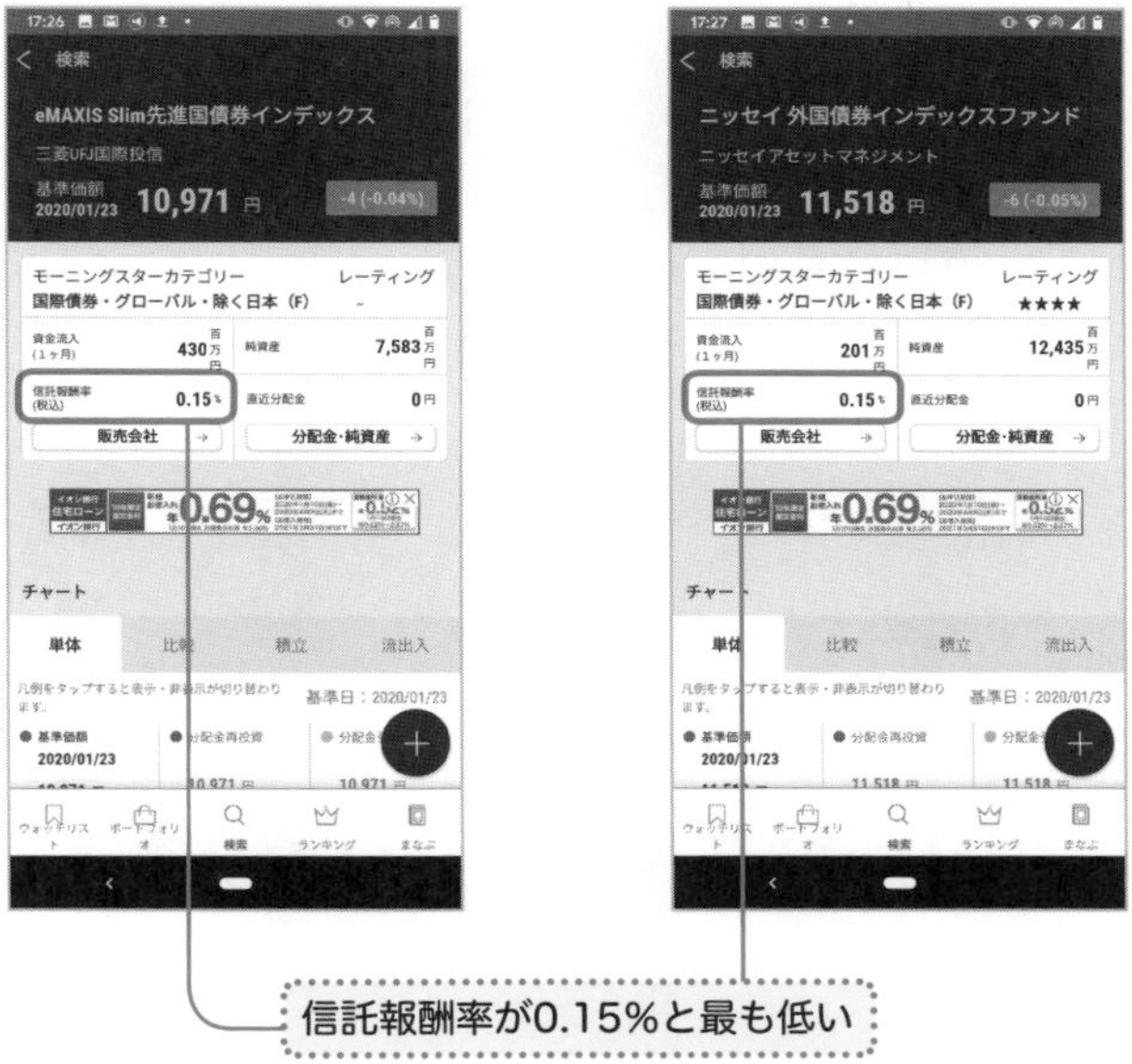

E世界国債インデックス（除く日本、円換算ベース）に連動するファンドであることが分かります。

先進国債券型インデックスファンドについては、**〈eMAXIS Slim先進国債券インデックス〉〈ニッセイ外国債券インデックスファンド〉**がポートフォリオに組み入れるべきファンドということになります。

2本のうち、どちらを選んでも構いません。

新興国債券型インデックスファンドの選び方

続いて、新興国債券型インデックスファンドを選んでみましょう。「My投資信託」で検索条件を指定する画面を開き、以下の5つの項目について条件を指定してください。

【主な検索項目】

①データ対象範囲：「主要公募投信（DC専用・SMA専用・ETF除く）」が選択されていることを確認します。

②償還までの期間：「無期限」を選択します。

③純資産規模：「10億円以上」を選択します。

ここから図3−16で説明します。

【投資対象】

④モーニングスターカテゴリー：「国際債券・エマージング・複数国（為替ヘッジ無）」を選択します。ここでも、単一の国・地域ではなく複数の国・地域に分散投資していて、為替変動リスクを回避していない投信を抽出します。

【運用戦略】

⑤インデックスファンド：「インデックスファンドのみ」を選択します。

5項目の条件を選択したら、画面右下の「検索」ボタンをタップしましょう。

検索結果が表示されたら、画面右上の「並び替え」ボタンをタップし、「信託報酬：低い順」を選択します。すると指定した条件に当てはまるファンドが信託報酬の低い順に並べて表示されます。

次に、リストの上位のものをチェックします。それぞれのファンド名をタップして見ていきましょう。「信託報酬率（税込）」の欄を確認すると、信託報酬率が0・24％と最も低

図 3-16 「My投資信託」で新興国債券型インデックスファンドを検索する

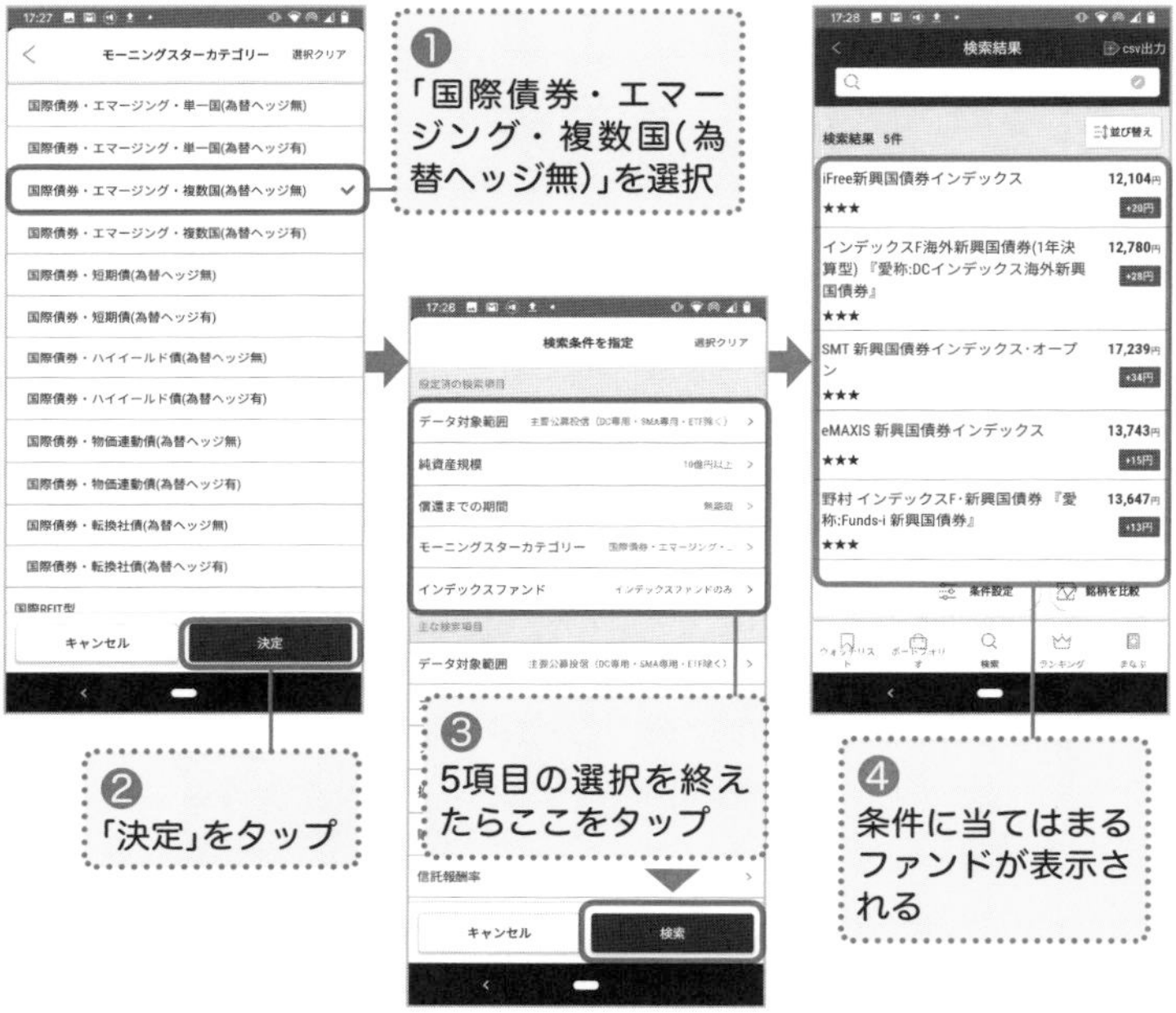

❶「国際債券・エマージング・複数国(為替ヘッジ無)」を選択
❷「決定」をタップ
❸5項目の選択を終えたらここをタップ
❹条件に当てはまるファンドが表示される

いのが**〈iFree新興国債券インデックス〉**であることがわかります（図3－17）。

念のため「ファンドの特色」もチェックすると、このファンドは主として新興国通貨建ての債券に投資し、JPモルガンガバメント・ボンド・インデックス・エマージング・マーケッツグローバルダイバーシファイド（円換算）の動きに連動する投信だということが確認できます。

新興国債券型インデックス

図 3-17 「My投資信託」で新興国債券型インデックスファンドを検索する②

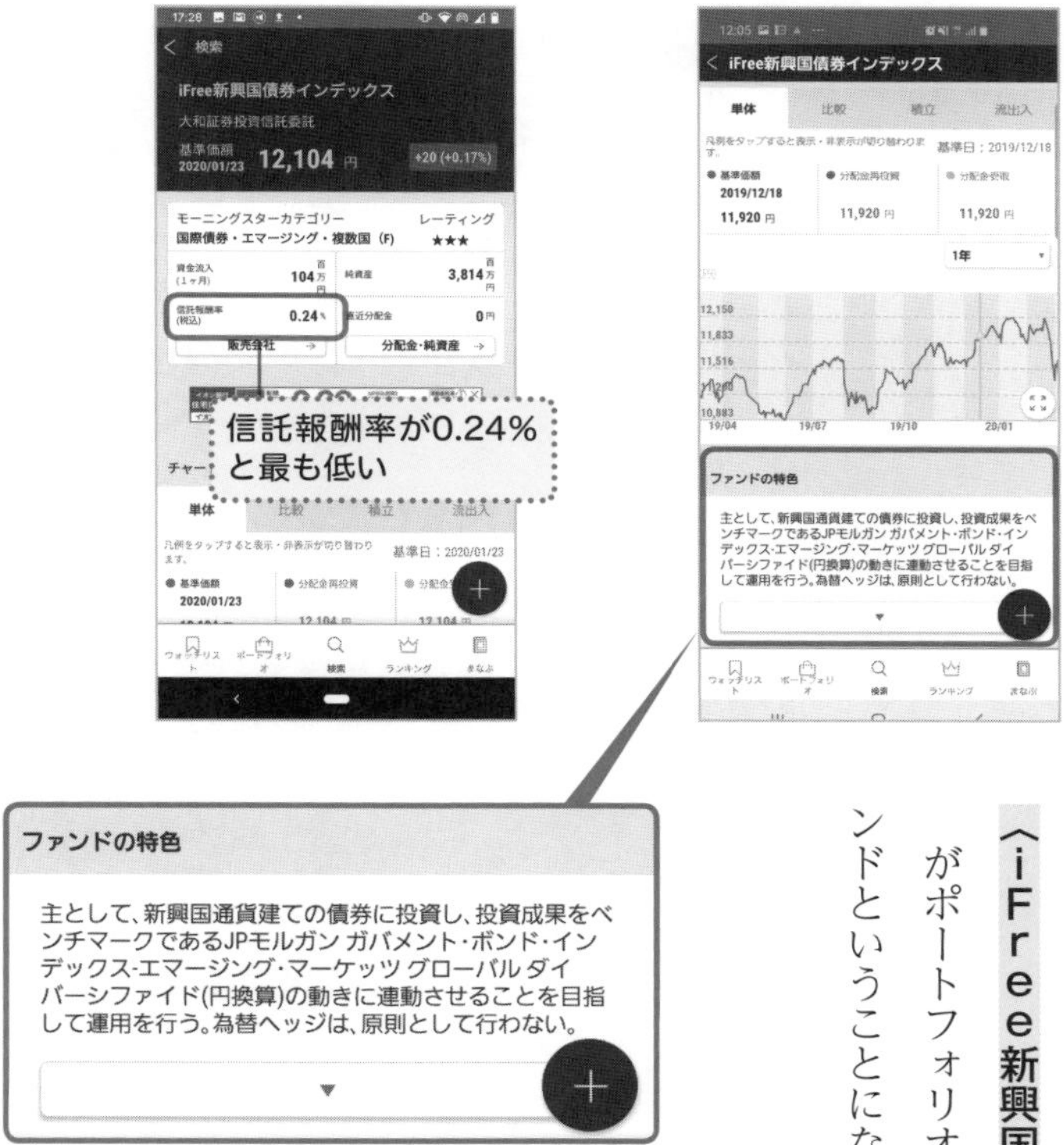

ファンドについては、**〈iFree新興国債券インデックス〉**がポートフォリオに組み入れるべきファンドということになります。

「積極運用」「バランス」「安定」、3つのポートフォリオのコスト

ここまでに選んできた6資産のファンドで、「積極運用タイプ」「バランス運用タイプ」「安定運用タイプ」のポートフォリオを組んだ場合、ポートフォリオ全体のコストはどれくらいになるのかを確認しておきましょう。

復習しておくと、それぞれの資産構成は次のとおりです。

- **積極運用タイプ**：国内株式10％、先進国株式50％、新興国株式40％
- **バランス運用タイプ**：国内株式10％、先進国株式30％、新興国株式20％、先進国債券30％、新興国債券10％
- **安定運用タイプ**：国内株式10％、先進国株式20％、国内債券20％、先進国債券50％

ここまでのステップで選んだファンドの信託報酬率は、国内株式型インデックスファン

ドが0・15％、先進国株式型インデックスファンドが0・11％、新興国株式型インデックスファンドが0・2％、国内債券型インデックスファンドが0・13％、先進国債券型インデックスファンドが0・15％、新興国債券型インデックスファンドが0・24％です。

ここからそれぞれのポートフォリオ全体のコストを計算すると、

- **積極運用タイプ**：0・150％
- **バランス運用タイプ**：0・157％
- **安定運用タイプ**：0・138％

となります。いかがでしょうか。

非常に低コストで運用可能なことがおわかりいただけたのではないかと思います。

1本で済ませたい人のための全世界株式型インデックスファンドの選び方

運用目的に合った資産配分に基づいて投信を組み合わせる方法は、理想的なポートフォリオを作ることができるというメリットがあります。

しかし3～6本もの投信を選んで組み合わせるのは面倒だという方もいるでしょう。

そこで、1本だけで運用目的に近い運用が可能な投信の選び方についても見ておきたいと思います。

10年以上の運用期間がとれる積極運用タイプの人にお勧めなのは、**全世界株式型インデックスファンド**です。これは、「ＭＳＣＩオール・カントリー・ワールド・インデックス（配当込み、円換算ベース）」や「ＦＴＳＥグローバル・オールキャップ・インデックス（円換算ベース）」など、世界の株式市場の動きを表す指数に連動するよう運用される投信です。

1本だけで世界中の株式に分散して運用できるうえ、おどろくほど信託報酬が低いものもあります。私がお勧めする「国内株式10％、先進国株式50％、新興国株式40％」の配分にはなりませんが、利用を検討してもよいでしょう。

全世界株式型インデックスファンドを選ぶ際は、これまでと同様にモーニングスターのスマホアプリ「My投資信託」を使い、次のように検索項目を入力しましょう。

【主な検索項目】

①データ対象範囲：「主要公募投信（DC専用・SMA専用・ETF除く）」が選択されていることを確認します。

②償還までの期間：「無期限」を選択します。

③純資産規模：「10億円以上」を選択します。

ここから図3－18で説明します。

図 3-18 「My投資信託」で全世界株式型インデックスファンドを検索する

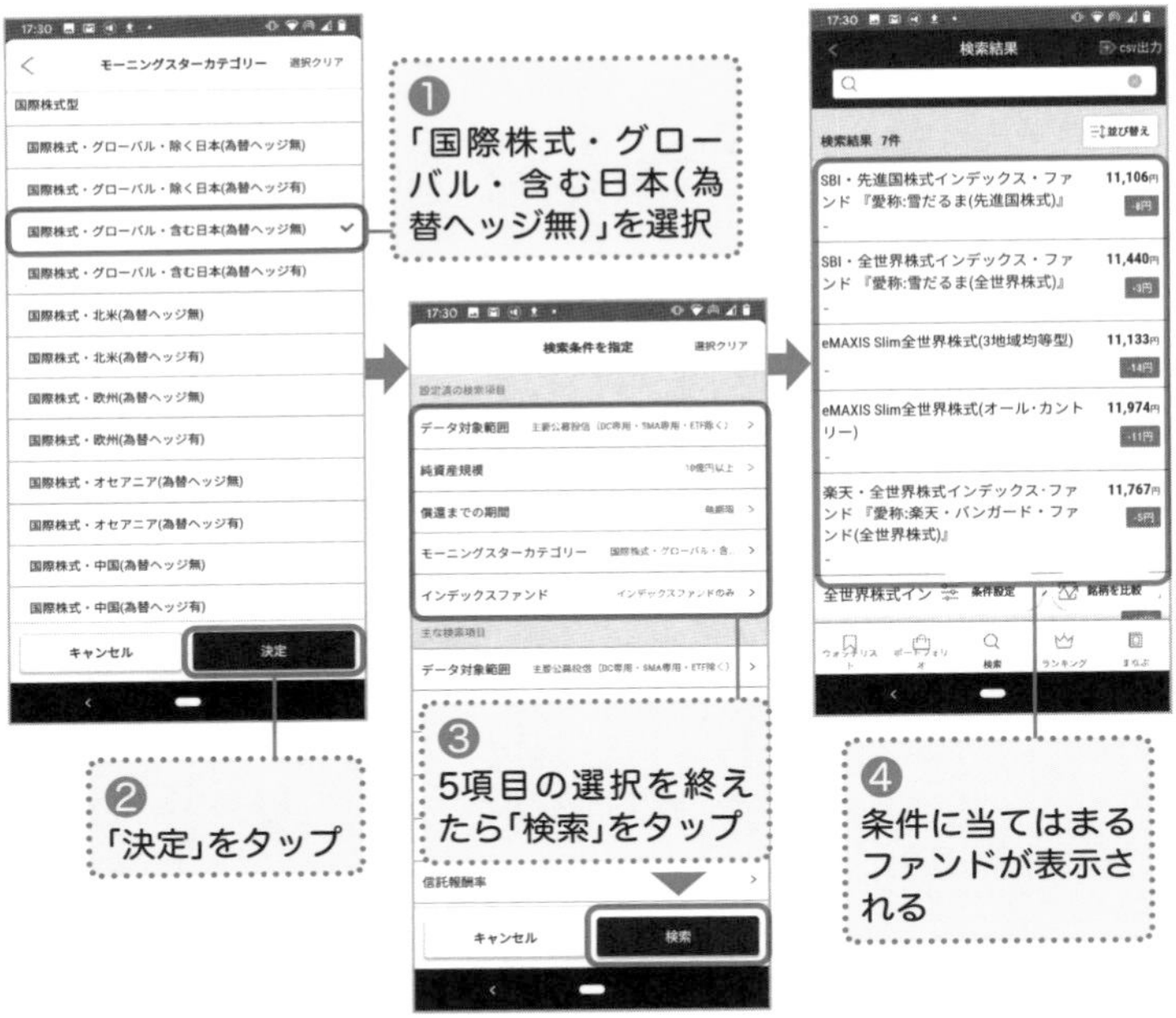

❶「国際株式・グローバル・含む日本（為替ヘッジ無）」を選択
❷「決定」をタップ
❸5項目の選択を終えたら「検索」をタップ
❹条件に当てはまるファンドが表示される

【投資対象】

④**モーニングスターカテゴリー**：「国際株式・グローバル・含む日本（為替ヘッジ無）」を選択します。国内株式も含めて世界中の株式を組み入れている、為替変動リスクを回避していないものを抽出します。

【運用戦略】

⑤**インデックスファンド**：「インデックスファンドのみ」を選択します。

5項目の条件を選択したら、画面右下の「検索」ボタンをタップしましょう。

検索結果が表示されたら、画面右上の「並び替え」ボタンをタップし、「信託報酬：低い順」を選択します。すると指定した条件に当てはまるファンドが信託報酬の低い順に表示されます。

次に、リストの上位のものをチェックします。それぞれのファンド名をタップして見ていきましょう。

〈SBI・先進国株式インデックス・ファンド『愛称：雪だるま』（先進国株式）〉は、「ファンドの特色」の記述やその名前からも分かるとおり「日本を含む先進国の株式」に投資するものです。ここでは国内株式・先進国株式・新興国株式を組み入れているファンドを選びたいので、これは除外します。

「信託報酬率（税込）」の欄を確認すると、〈SBI・全世界株式インデックス・ファンド『愛称：雪だるま』（全世界株式）〉〈eMAXIS Slim全世界株式（3地域均等型）〉〈eMAXIS Slim全世界株式（オール・カントリー）〉は、いずれも信託報酬率が0.11％と最も低いことがわかります。候補になるのは、この3本です（図3-19）。

図 3-19 「My投資信託」で全世界株式型インデックスファンドを検索する②

次に、それぞれがどのようなインデックスに連動するファンドなのかを「ファンドの特色」から確認しましょう。

〈SBI・全世界株式インデックス・ファンド『愛称：雪だるま』（全世界株式）〉は、「米国株式、先進国株式、新興国株式へと投資するETFへの投資を通じて日本を含む世界の株式へ実質的に投資する」ファンドで、基本投資割合はそれぞれ55％、35％、10％。FTSEグローバル・オールキャップ・インデックス（円換算）に連動するものであることがわかります。

〈eMAXIS Slim全世界株式（3地域均等型）〉は、基本投資割合が国内株式33・3％、先進国株式33・3％、新興国株式33・3％。「各投資対象資産の指数を均等比率で組み合わせた合成ベンチマーク」に連動するファンドです。

「リターン・資産構成等」の「もっと見る」ボタンをタップし、最下段の「資産構成比」グラフをタップして拡大表示してみましょう。2019年の資産構成比を見ると、株式の組入比率は国際株式63・0％、国内株式31・9％となっています（図3－20）。

図 3-20 「My投資信託」で全世界株式型インデックスファンドを検索する③

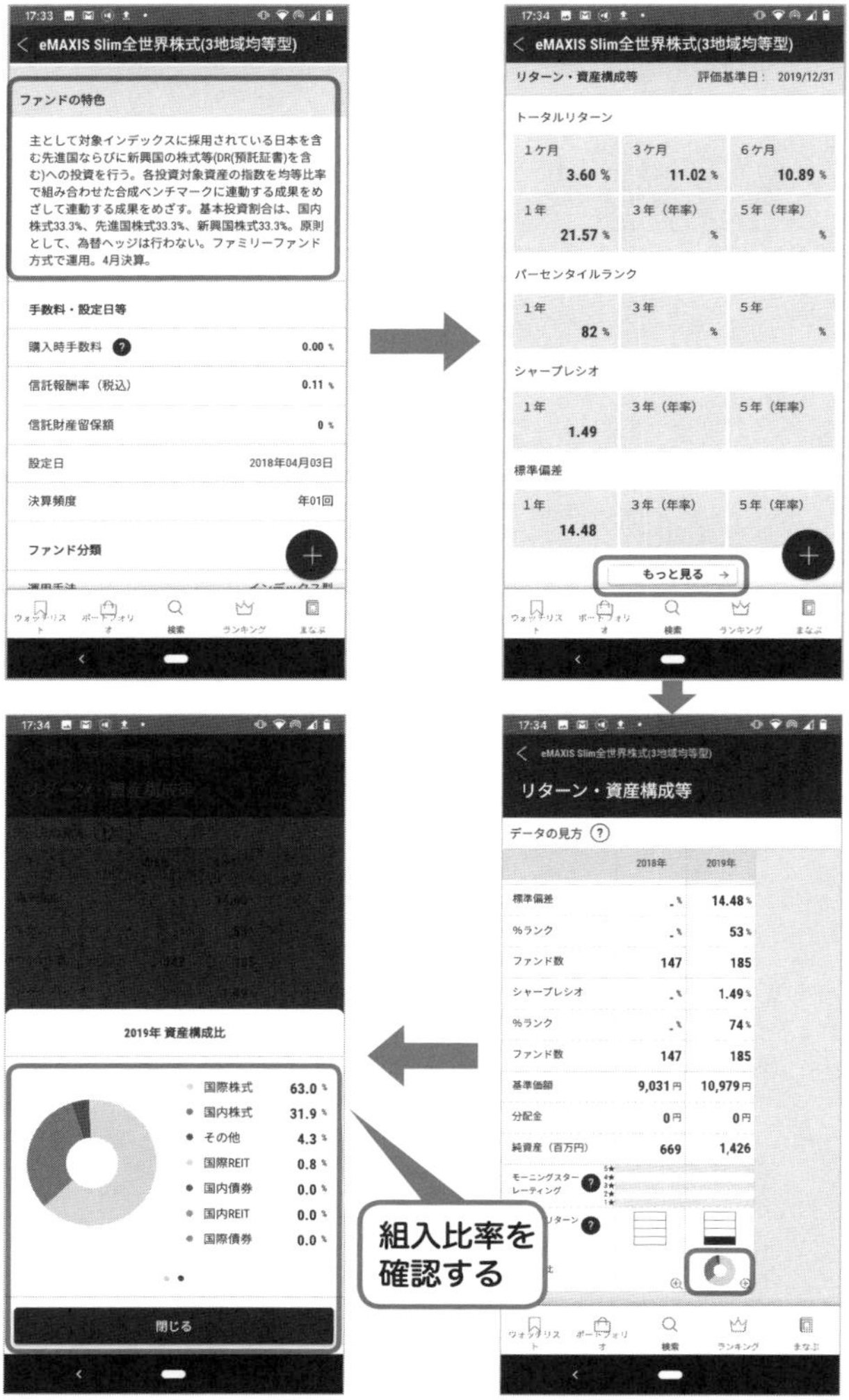

〈eMAXIS Slim全世界株式（オール・カントリー）〉は、MSCIオール・カントリー・ワールド・インデックス（配当込み、円換算ベース）に連動するファンドであることが確認できます。2019年の資産構成比を見ると、株式の組入比率は国際株式87・8％、国内株式6・8％となっています（図3－21）。

「株式100％で運用したい積極運用タイプ」で「できれば1本のファンドで済ませたい」という方は、これら3本から資産構成比が自分の好みに近いものを選ぶことになります。

なお、「MSCIオール・カントリー」と「FTSEグローバル・オールキャップ・インデックス」はどちらも「世界の株式」の動きを示す指数ですが、中身は異なります。

株の銘柄は時価総額の大きさによって「大型株」「中型株」「小型株」と分類されますが、「FTSEグローバル・オールキャップ・インデックス」が大型から小型まで幅広く含む一方、「MSCIオール・カントリー」は小型株を含みません。

より分散を図りたいと考えるなら、「FTSEグローバル・オールキャップ・インデックス」に連動するものを選ぶことになるでしょう。

図 3-21 「My投資信託」で全世界株式型インデックスファンドを検索する④

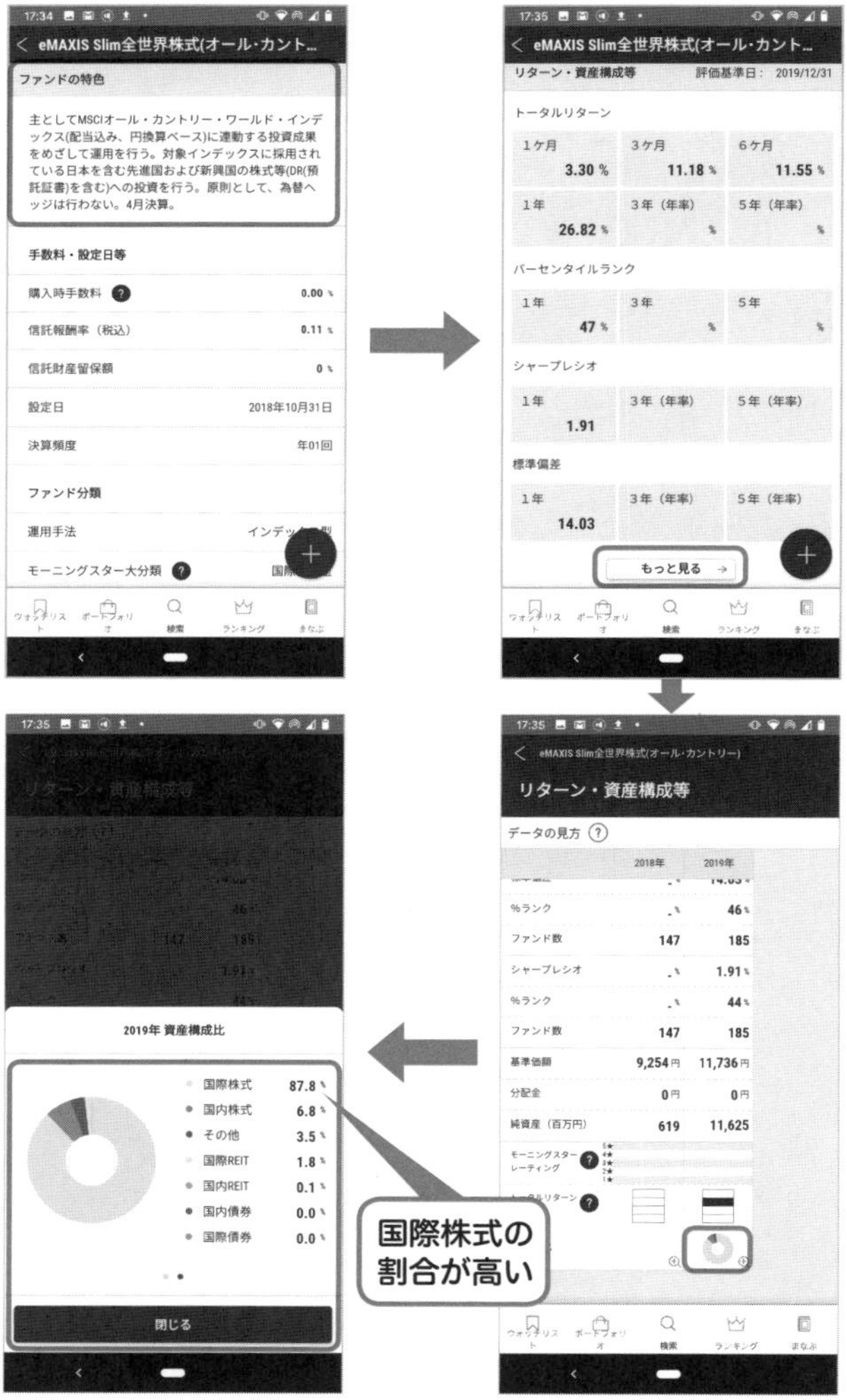

1本で済ませたい人のためのバランス型ファンドの選び方

「バランス運用タイプ」「安定運用タイプ」の方は、株式だけでなく債券も組み入れたバランス型ファンドが選択肢になります。資産の組入比率が自分の理想とする資産配分に近く、なおかつ安定的に運用されてさえいれば、1本だけで済ませることも可能でしょう。

投信は購入したあとも、年1回くらいのペースで定期的に運用状況を確認し、当初の資産配分が大幅に変わっていれば元のバランスに戻してやらなければいけません（この点についてはCHAPTER5で見ていきます）。

これまでに見てきた6種類の投信を1本ずつ選んでポートフォリオを組んだ場合、資産配分のチェックと再調整の作業は自分で行わなければいけません。

しかし、バランス型ファンドならば運用会社がこの作業を代行してくれるため、「時間的な余裕がない」「面倒くさい」という方にはお勧めです。

ただし、一口に「バランス型ファンド」といっても、そのリスク・リターンは商品によって大きく異なります。購入前に組入比率の内容を吟味しないと、「自分は安定運用タイプなのに、思いがけず新興国の比率が高いバランス型を買ってしまった」、あるいは逆に「新興国が組み入れられていたから期待していたのに、よくよく見たら実際には新興国の割合は5％程度しかなかった」など、思わぬ誤算につながりかねません。バランス型投信1本だけで運用する際には、くれぐれも慎重に選ぶようにしましょう。

○バランス型ファンドは「安定」「安定成長」「バランス」「成長」の4つ

バランス型ファンドは、近年、インデックス運用のファンドを組み合わせてコストを抑えた銘柄が多数登場しています。**中身がインデックス運用であれば、運用成績に影響を及ぼすのは主に「資産配分」と「コスト」です**。これをふまえて、モーニングスターのスマホアプリ「My投資信託」を使い、ファンドを選んでいきましょう。

なお、モーニングスターでは、**バランス型ファンドを「安定」「安定成長」「バランス」「成長」の4つに分類**しています（図3－22）。

運用利回り3％以上4％未満を目指す「バランス運用タイプ」の方は「安定成長」「バランス」の2つのカテゴリーが、目指す運用利回りが3％未満の「安定運用タイプ」の方は「安

図 3-22 モーニングスターカテゴリー分類による
バランス型ファンドの区分

安定	株式、REITの組入率が 25%未満
安定成長	株式、REITの組入率が 25%以上50%未満
バランス	株式、REITの組入率が 50%以上75%未満
成長	株式、REITの組入率が 75%以上

バランス型ファンドの分類は「安定」「安定成長」「バランス」「成長」の4つある

定」カテゴリーが対象となります。
次のように検索項目を入力してください。

【主な検索項目】

①データ対象範囲：「主要公募投信（DC専用・SMA専用・ETF除く）」が選択されていることを確認します。

②償還までの期間：「無期限」を選択します。

③純資産規模：「10億円以上」を選択します。

ここから図3－23で説明します。

【投資対象】

④モーニングスターカテゴリー：「バランス運用タイプ」の方は「バランス・安定成長」「バランス・バランス」の2つを選択します。「安定運用タイプ」の方は「バランス・安定」を

選択します。

【運用戦略】

⑤インデックスファンド：「インデックスファンドのみ」を選択します。

5項目の条件を選択したら、画面右下の「検索」ボタンをタップしましょう。

検索結果が表示されたら、画面右上の「並び替え」ボタンをタップし、「信託報酬：低い順」を選択します。すると指定した条件に当てはまるファンドが信託報酬の低い順に並べて表示されます。

次に、リストの上位のものをチェックします。それぞれのファンド名をタップし、「信託報酬率（税込）」の欄を確認しましょう。

「バランス運用タイプ」の方の候補になるのは**〈eMAXIS Slimバランス（8資産均等型）〉〈ニッセイ・インデックスバランスファンド（4資産均等）〉**の2本。いずれも信託報酬率は0・15％です。

「安定運用タイプ」でリストに残ったのは**〈eMAXIS最適化バランス（マイゴールキー**

図 3-23 バランス型ファンドの選び方

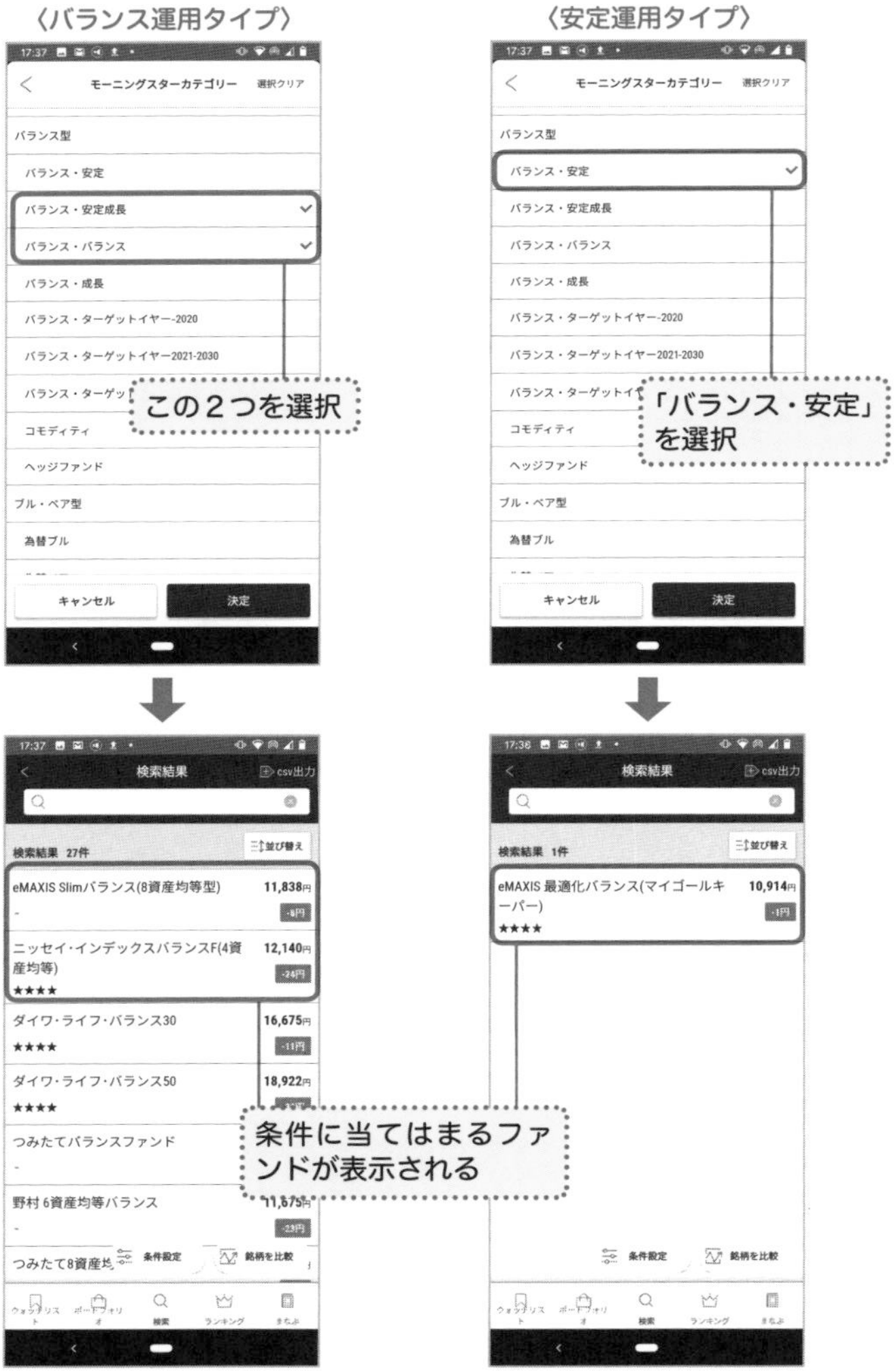

図 3-24 リストの上位のファンドをチェックする

〈バランス運用タイプ〉

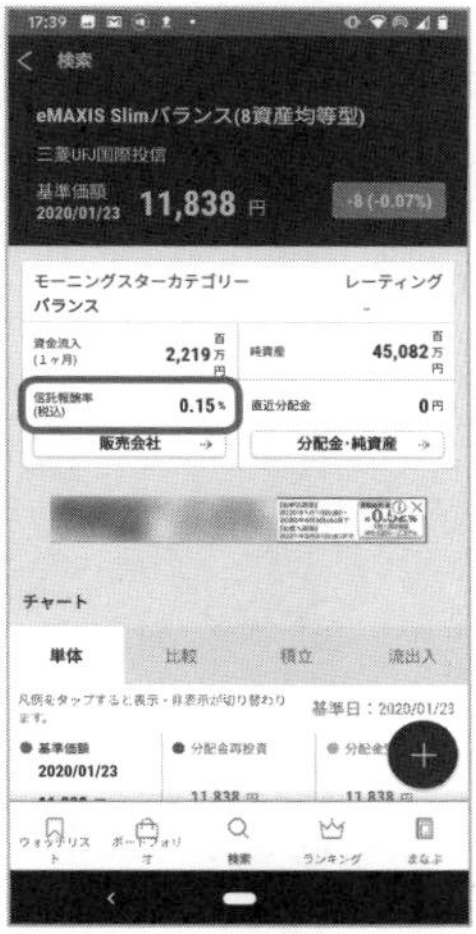

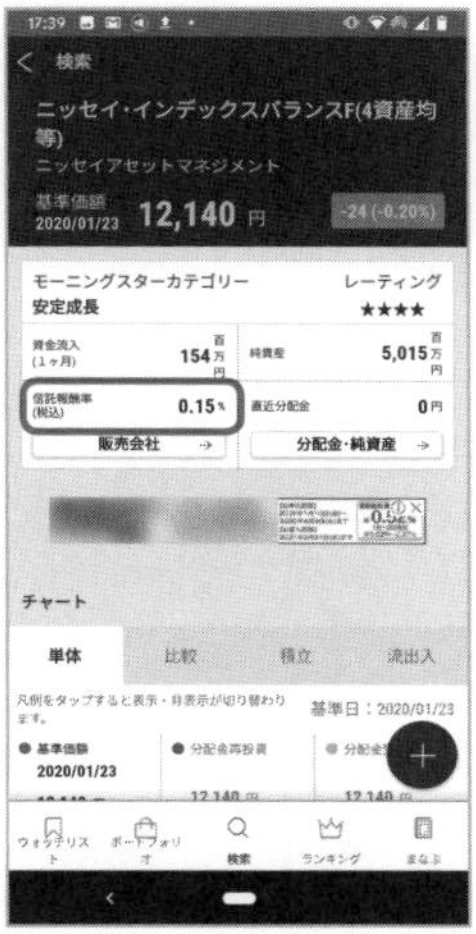

〈安定運用タイプ〉

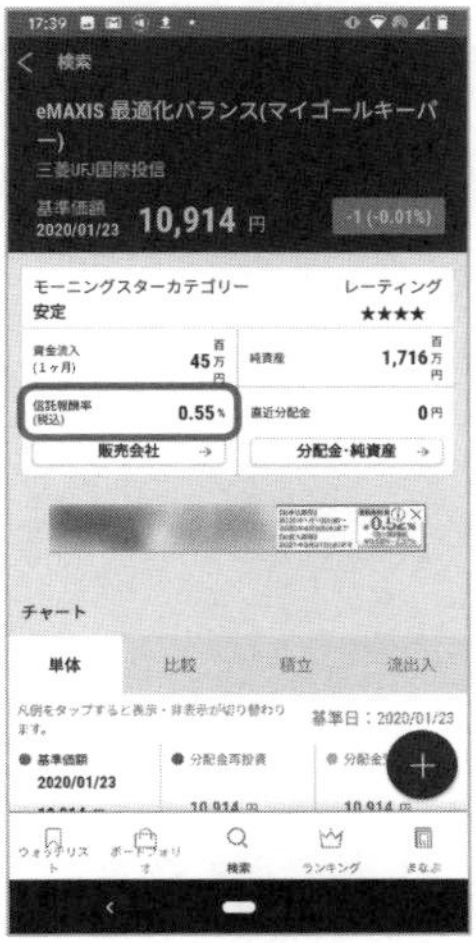

パー）〉のみで、信託報酬率は０・５５％です（図３－24）。

○１本だけで希望する資産配分を実現できるファンドは少ない

次に、これらのファンドの中身を確認しましょう。

〈eMAXIS Slimバランス（8資産均等型）〉の特色を読むと、国内株式、先進国株式、新興国株式、国内債券、先進国債券、新興国債券、国内ＲＥＩＴ、先進国ＲＥＩＴにそれぞれ12・５％投資するファンドであることがわかります。

同様に**〈ニッセイ・インデックスバランスファンド（4資産均等）〉**の特色をチェックすると、国内株式、国内債券、外国株式、外国債券への投資割合は均等を基本として分散投資を行うファンドであることが確認できます。

「外国株式」「外国債券」の中身については「ニッセイ・インデックスバランスファンド（４資産均等）」の目論見書を確認してみましょう。「ファンドの特色」の「目論見書・月報」ボタンをタップすると、モーニングスターウェブサイトの「ニッセイ・インデックスバランスファンド（４資産均等）」のページを見ることができます。このページ下部にある目論見書ＰＤＦで確認すると、いずれも先進国株式、先進国債券のみであることが分かります。

図 3-25 資産構成比をチェックする

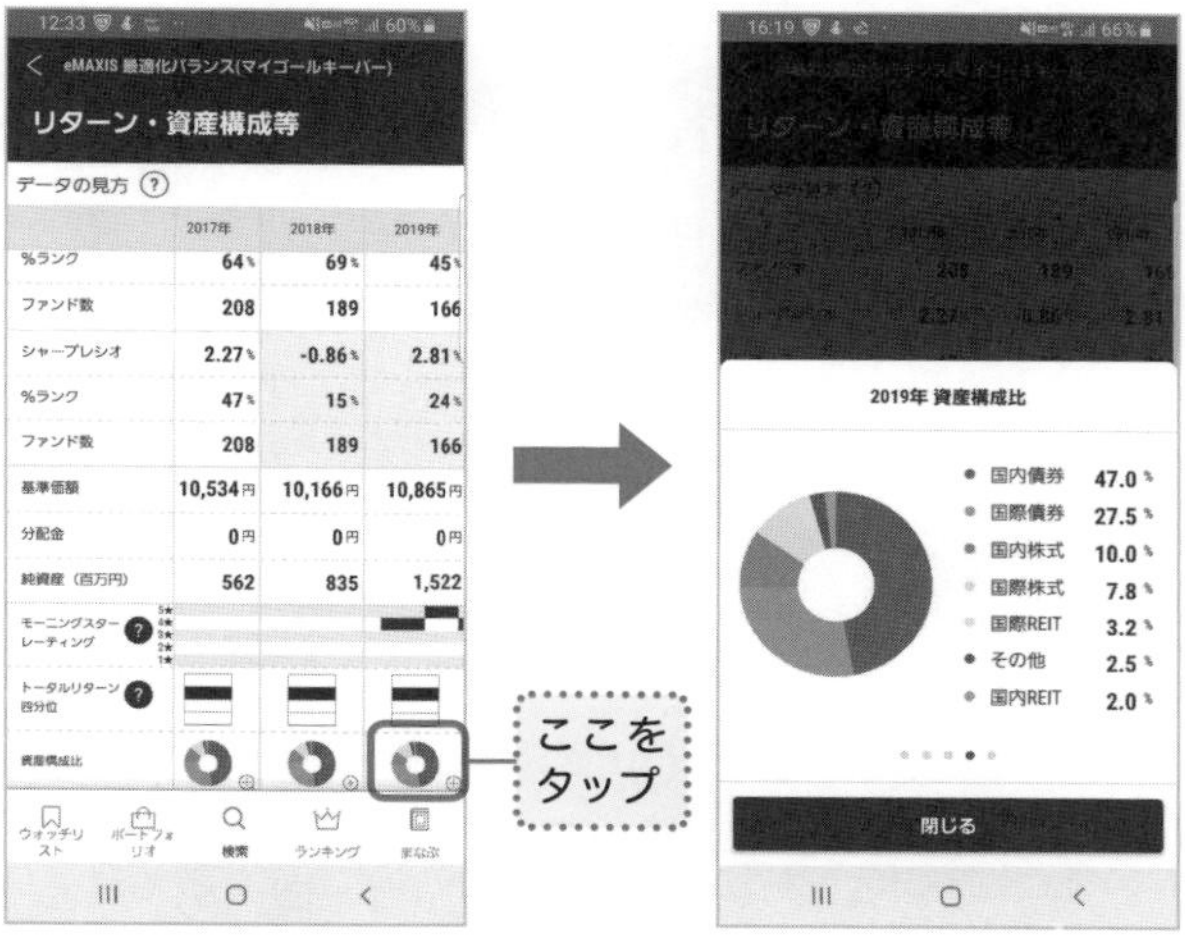

〈eMAXIS最適化バランス（マイゴールキーパー）〉は、日本を含む先進国の株式、公社債（新興国株式、新興国債券を除く）およびREITに実質的な投資をするファンドです。特色を確認するだけでは資産構成がわからないので、ファンドのページから「リターン・資産構成等」の「もっと見る」ボタンをタップし、最下段の「資産構成比」グラフをタップして拡大表示してみましょう。

すると、2019年の資産構成比は国内債券47・0%、国際債券27・5%、国内株式10・0%、国際株式7・8%、国際REIT3・2%、国内REIT2・0%であることが確認できました(図3－25)。

ここで復習しておくと、目標利回り3%以上4%未満のバランス運用タイプの方にお勧めのポートフォリオは、「国内株式10%、先進国株式30%、新興国株式20%、先進国債券30%、新興国債券10%」です。

目標利回り3%未満の安定運用タイプの方にお勧めのポートフォリオは、「国内株式10%、先進国株式20%、国内債券20%、先進国債券50%」です。

抽出した3つのバランス型ファンドは、いずれもこの資産配分とは異なります。

1本だけで自分が希望する資産配分を実現できるファンドというのは、なかなかないものです。

あとは、理想とは異なる資産配分、そして信託報酬の水準に納得できるかどうかが判断基準になるでしょう。納得できるなら、これらのバランス型ファンドを選ぶのも一つの方法です。

インデックスファンドなら「あの銘柄」にも投資できる!

本章で触れたように、国内の株価指数に日経平均株価やTOPIXをはじめさまざまな種類があるのと同様、各資産の動向を示す指数は複数あり、インデックスファンドはいずれかの指数に連動するように運用されています。

では、インデックスファンドを買うと、どのような銘柄に投資できるのでしょうか?

代表的な指数について、組入比率が高い銘柄を見てみましょう(図D)。

先進国株式に連動する指数の代表例は、先進国22カ国の株式を対象とする「MSCI-コクサイ・インデックス(円ベース)」です。2020年2月末時点の構成銘柄には、アップルやマイクロソフト、アマゾン・ドット・コム、フェイスブック、グーグルの親会社であるアルファベット、JPモルガン・チェースなどが並びます。

この指数に連動する先進国株式インデックスファンドを買えば、GAFA(グーグル、アップル、フェイスブック、アマゾン・ドット・コム)のような企業にも投資できるというわけです。

もう一方の新興国株式に連動する指数の代表例は、新興国26カ国の株式などが対象の「MSCI-エマージング・マーケット・インデックス(円ベース)」。

図D　代表的な指数の組入銘柄をチェック

代表的な先進国株式指数

MSCIコクサイ・インデックス(円ベース)

先進国株式で構成される代表的な株価指数。
日本を除く先進国22ヵ国に上場する大・中型株が構成銘柄の対象

組入上位銘柄　2020年2月末基準

銘柄	国	比率(%)
1 アップル	米国	3.3
2 マイクロソフト	米国	3.2
3 アマゾン・ドット・コム	米国	2.1
4 フェイスブック	米国	1.2
5 アルファベットC	米国	1.1
6 アルファベットA	米国	1.1
7 JPモルガン・チェース	米国	1.0
8 ジョンソン・エンド・ジョンソン	米国	1.0
9 ビザ	米国	0.8
10 ネスレ	スイス	0.8

組み入れている国の比率

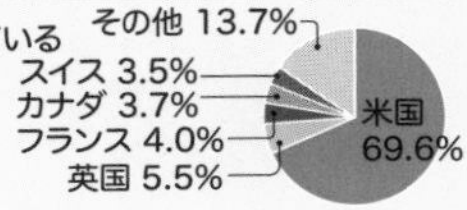

代表的な新興国株式指数

MSCIエマージング・マーケット・インデックス(円ベース)

新興国の株式で構成される代表的な株価指数。
新興国26カ国の株式が対象

組入上位銘柄　2020年2月末基準

銘柄	国	比率(%)
1 アリババ・グループ・ホールディング	中国	6.3
2 テンセント・ホールディングス	中国	5.1
3 台湾セミコンダクター・マニュファクチャリング・カンパニー	台湾	4.6
4 サムスン電子	韓国	3.8
5 中国建設銀行	中国	1.4
6 NASPERS N	南アフリカ	1.2
7 中国平安保険	中国	1.1
8 リライアンス・インダストリーズ	インド	0.9
9 ハウジング・デベロップメント・ファイナンス	インド	0.9
10 中国移動通信(チャイナモバイル)	中国	0.9

組み入れている国の比率

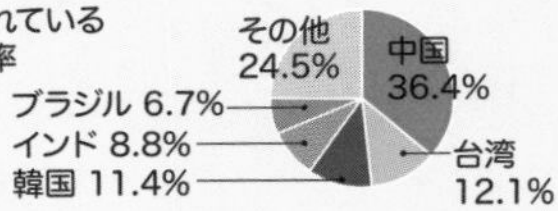

代表的な先進国債券指数

FTSE世界国債インデックス(除く日本、円ベース)

先進国国債の動向を表す代表的指数。
日本を除く、先進国21カ国の国債が対象

組入上位国　2020年1月末基準

国	比率(%)
1 米国	48.1
2 フランス	9.7
3 イタリア	8.9
4 英国	6.6
5 ドイツ	5.9
6 スペイン	5.5
7 ベルギー	2.4
8 オーストラリア	1.9
9 カナダ	1.9
10 オランダ	1.9

代表的な新興国債券指数

JPモルガン・ガバメント・ボンド・インデックス-エマージング・マーケッツ・グローバル・ディバーシファイド(円ベース)

新興国の国債で構成される代表的な債券指数。
新興国19カ国が発行する現地通貨建ての国債が対象

組入上位国　2020年2月末基準

国	比率(%)
1 メキシコ	10.0
2 ブラジル	10.0
3 インドネシア	10.0
4 タイ	9.8
5 ポーランド	9.0
6 ロシア	8.9
7 南アフリカ	8.3
8 マレーシア	6.6
9 コロンビア	6.0
10 チェコ共和国	4.3

これも2020年2月末時点の構成銘柄を見ると、中国電子商取引大手のアリババ・グループ・ホールディングや中国ネットサービス大手のテンセント・ホールディングス、サムスン電子など、有力企業が並んでいます。

このようにインデックスファンドを活用すれば、世界中の多様な有望銘柄に幅広く分散投資できるのです。

CHAPTER

4

アクティブファンドは、どう選べばいいのか？

アクティブファンドの購入に向くのはどんな人？

長期資産形成のための運用方法として、私はインデックスファンドを組み合わせる方法を推奨しています。銘柄選びが簡単にできること、コストを抑えた運用が可能なこと、運用目的から決めた資産配分に合わせて自由にポートフォリオを作れることなどが主な理由です。

しかし、運用の選択肢はほかにもあります。

運用にある程度の手間や時間をかけてもよいという人なら、ポートフォリオの一部にアクティブファンドを加えて運用利回りの向上を目指すのも1つの方法です。

アクティブファンドの中には、インデックスファンドより高い運用成績が期待できるものもあります。

正しいアプローチで銘柄を選別できさえすれば、有望なアクティブファンドを探したり、運用をウオッチしたりするおもしろさも味わえるでしょう（図4－1）。

図 4-1 アクティブファンドのメリットとデメリット

メリット

- しっかり選別すれば、インデックスファンドより高い運用成績が期待できる
- 自分で銘柄を選ぶおもしろさがある

デメリット

- 数多くのファンドから、自分で候補となる銘柄を探し出す手間がかかる
- アクティブファンドを選んだ場合、運用体制の変更がないかなど、定期的にチェックする必要がある
- インデックスファンドよりも全般的にコストが高い

「運用利回り向上のためなら、多少の手間や時間をかけてもよい」という人に向く

○中小型株で運用するアクティブファンドを組み入れる方法も

アクティブファンドのお勧めの活用法は、先に紹介したポートフォリオの資産配分は崩さず、一部をアクティブファンドに変える方法です。

たとえば、株式100%のポートフォリオ（国内株式10%、先進国株式50%、新興国株式40%）で運用する場合、国内株式のアクティブファンドを組み入れるなら、国内株式の部分を「アクティブファンド5%、インデックスファンド5%」に振り分けるのです。この方法なら、分散の効果を高めながら、運用利回りの向上を目指せます。

なお、手間をかけてアクティブファンドを組み入れるだけのメリットが期待できるのは株式型ファンドです。

国内株式型ファンド、先進国株式型ファンド、新興国株式型ファンドのいずれについても、インデックスファンドには中小型株があまり組み入れられていません。

一方アクティブ運用の株式型ファンドでは、特に中小型株で運用するタイプにパフォーマンスが良好なものが見られます。そういったファンドを組み入れることで、より多くの銘柄への分散を図りながらポートフォリオ全体のリターン向上を目指すことは可能でしょう。

また、債券型ファンドについてはアクティブファンドを組み入れるメリットは薄いといえます。

長く低金利環境が続いて米国国債10年の利回りが1・0%を切る水準にある中、信託報酬がどうしても高くなるアクティブファンドでは、コスト控除後のパフォーマンスは上げづらいからです。

債券型ファンドについては、コストを抑えられるインデックスファンドを選択するのが望ましいでしょう。

アクティブファンドを選ぶために知っておきたいこと

アクティブファンドを選ぶ際のチェックポイントは複数ありますが、必ず押さえたいのは、**①過去の運用実績、②ポートフォリオの中身、③資金流出入状況、の3つ**です。

順番に具体的なチェック方法を見ていきましょう。


過去の運用実績をチェックする際に前提として知っておきたいのは、「何と比べるか」が重要なことです。テストの点数に例えれば、同じ「80点」でもクラスの平均点が50点ならよい成績といえますが、平均点が90点ならよい成績とはいえません。

投信の場合、投資対象となる資産や地域などの観点から内容が似ているものどうしを比べる必要があります。このため、アクティブファンド選びにモーニングスターのアプリ「My投資信託」を利用する場合は、同じカテゴリーに分類されているファンドの中で運用実績が優れているものを探します。

運用実績の数字を見る際は、必ず5年、10年といった長期の「トータルリターン（収益分配と値上がり益から計算した年利回り）」を確認してください。

リターンが安定しているかどうかは、過去の運用期間が長ければ長いほど正確に判断できるので、投信を選ぶ際には、最低でも過去3年間の運用実績を見るようにしましょう。

○リスクも必ずチェックする

運用実績を評価する際には、リターンだけでなくリスクもよくチェックしなくてはなりません。

簡単な例で考えてみましょう。去年と今年の利回りが、2年連続で20％の〈いけいけファンド〉と、5％の利回りにとどまっている〈じっくりファンド〉があるとしましょう。これだけを聞いたら、〈いけいけファンド〉のほうがはるかに魅力的な商品に映りますね。「100万円投資すればたった1年間で20万円の運用益!?　だったら今すぐ買いたい！」と思ってしまうかもしれません。

しかし、もう少しさかのぼって3~5年前の利回りを調べてみたところ、〈いけいけファンド〉が5％、5％、▲25％だったのに対し、〈じっくりファンド〉は3年連続で5％だったとしましょう（図4－2）。

〈じっくりファンド〉は、5年間変わることなく毎年5％の利回りをあげています。

一方の〈いけいけファンド〉は、その年によって利回りに大きなバラツキがあるうえ、5年前にいたってはマイナス25％と悲惨な成績を残しています。

「それでも、5分の4の確率でプラスのリターンをあげているんだから、〈いけいけファンド〉も悪くないんじゃないの？」などと思ってはいけません。

なぜなら、勝率のみに注目してお金を投じるのはただのギャンブルであって、投資とは呼べないからです。投資の世界では、たとえどれほど高いリターンをあげていても、それが一時的なものでは意味がないのです。

先に、リスクとは価格やパフォーマンスのブレのことをさすと説明しました。そのことをふまえて〈いけいけファンド〉と〈じっくりファンド〉を見比べてみると、**毎年安定的に5％のリターンをあげている〈じっくりファンド〉のほうが、はるかにリスクが低い**とわかります。

プロの投資家の運用スタイルは、大きな儲けを狙うより、リスクを極力抑え、大きな損をできるだけ出さないようにするというものです。〈いけいけファンド〉のようにリターン

図 4-2　どちらがよいファンドなのか?

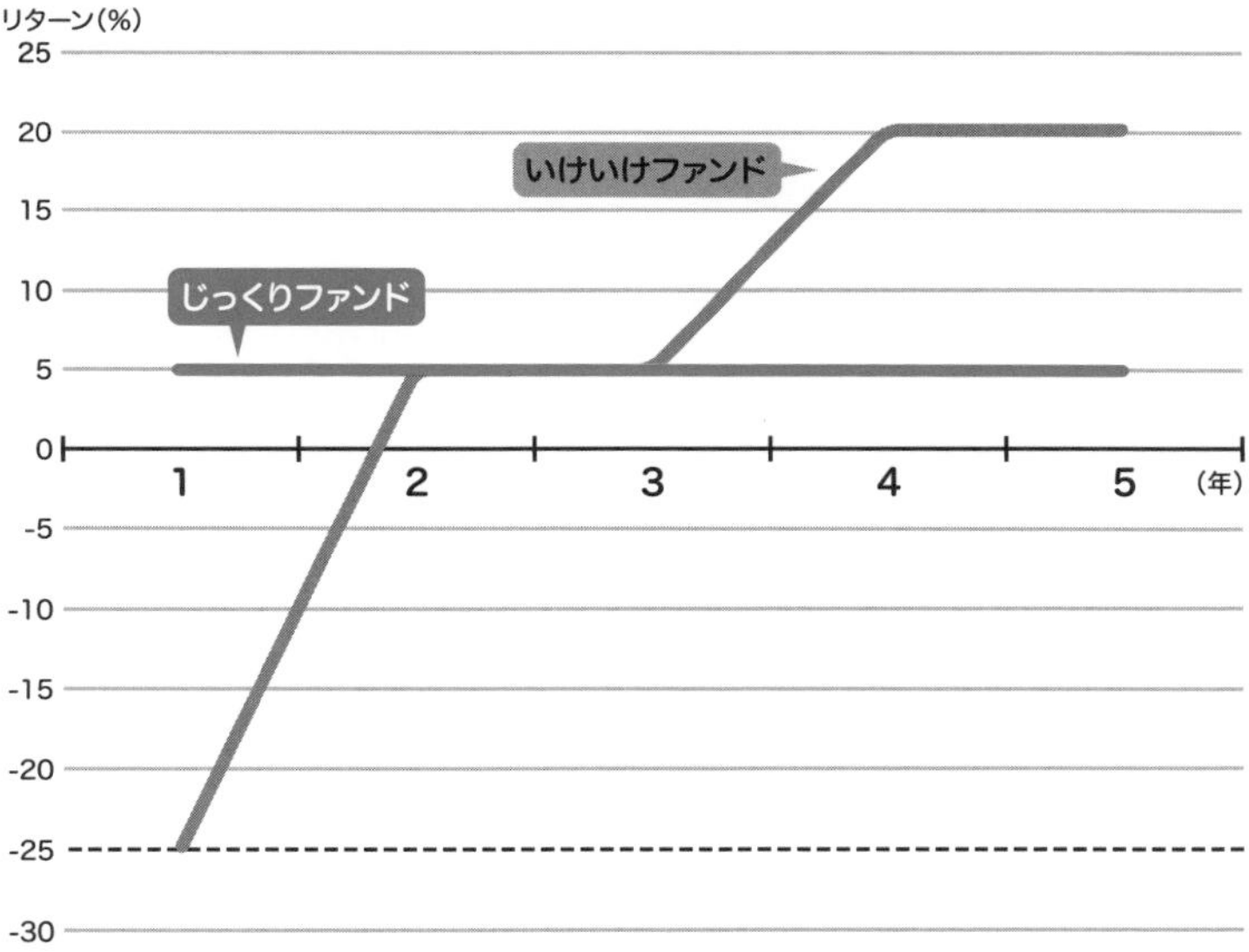

リターン(%)

	1年目	2年目	3年目	4年目	5年目	5年平均
いけいけファンド	-25	5	5	20	20	5
じっくりファンド	5	5	5	5	5	5

のバラつきが大きい（つまり、リスクが高い）商品には、プロの投資家は魅力を感じないのです。

○シャープレシオは、投信の効率性を見る指標

リスクの大きさを示す指標に、「標準偏差」というものがあります。

なんだか難しそうに聞こえますが、標準偏差とは要するに、実際にあがったいくつかのリターンの値を平均して、その平均リターンと個々のリターンのあいだにどれだけブレがあったかを表すものです。**標準偏差の数値が大きいほど、リターンのブレも大きい**ことになります。長期間にわたって安定的なリターンをあげていること、つまり、運用成績のデコボコが小さいことが、よい投信の条件の一つといえます。

投信選びの原則は、**「リターンが同じならリスクが低いほうを選び、リスクが同じならリターンが高いほうを選ぶ」**ということです。

たとえば、年間8％のリターンをあげる投信が2つあって、一方のリスクが10％、もう一方のリスクが8％だったら、後者を選んだほうがよいことはすぐにわかります。

しかし実際は、そう簡単にはいかないものです。比較したい投信のリスクとリターンの

数字はまちまちだからです。そこで、複数の投信を比較しやすくするために、リターンの数字をリスクの数字で割ってしまいましょう。こうして出てきた数字（「シャープレシオ」といいます）は、**その投信がどれだけ効率よく運用されているかを表しており、数字が大きいほど効率性が高い**ことを意味します。

たとえば、リターン8％・リスク10％の〈いろはファンド〉と、リターン6％・リスク8％の〈にほへファンド〉は、どちらのほうが効率的に運用できているでしょうか？

それぞれのシャープレシオを計算してみると、図4－3のとおり、〈いろはファンド〉が0・8、〈にほへファンド〉が0・75となります。この2つの数字を比べれば、〈いろはファンド〉のほうが効率よく運用しているとわかります。

○アクティブファンドを選ぶ際は、組入銘柄を確認する

また、アクティブファンドを選ぶ際は、ポートフォリオの中身もしっかり確認する必要があります。アクティブファンドの中には、「アクティブ」でありながら運用の中身がインデックスファンドと似ていて、組み入れている銘柄が重複しているものがあります。そのような投信は、幅広い分散という観点から好ましくありません。

図 4-3　シャープレシオとは?

$$\text{シャープレシオ} = \frac{\text{リターン} - \text{リスクフリーレート}}{\text{リスク}}$$

※リスクフリーレートとは、リスクのない(元本の保証された)投資商品における利回りのこと。2020年3月現在、リスクフリーレートはほぼゼロなので、ここでは考慮に入れず、簡易的に計算している。

● 〈いろはファンド〉のシャープレシオ

$$\frac{8}{10} = 0.8$$

● 〈にほへファンド〉のシャープレシオ

$$\frac{6}{8} = 0.75$$

↓

数値が大きい〈いろはファンド〉のほうが運用効率がよい

また、インデックスファンドと似た銘柄で運用しているアクティブファンドは、インデックスを大きく下回ることはなくても、インデックスより高いパフォーマンスをあげるのが難しくなります。中長期的には、コストが高い分だけインデックスファンドに負ける可能性が高いといえます。

このため、アクティブファンドを選ぶ際は、どんな銘柄を組み入れているファンドなのか、中身を調べる必要があります。各ファンドの月報や週報など、定期的に出されるレポートで組入上位銘柄が確認できる場合、インデックスファンドとの重複がないかどうかを調べましょう。

○安定的に資金が流入しているファンドかどうか？

もう1つのチェックポイントは、**資金流出入の状況**です。

ファンドマネジャーは、投信の解約が相次げば運用中の株式などの資産を売却して現金化し、解約した人に返さなくてはなりません。資金流出が続けば、中長期の値上がりを待つつもりなのに待てなくなったり、値下がりしていて売りたくないタイミングで売却せざるを得なかったりするケースもあります。ファンドマネジャーが安定した運用成績をあげ

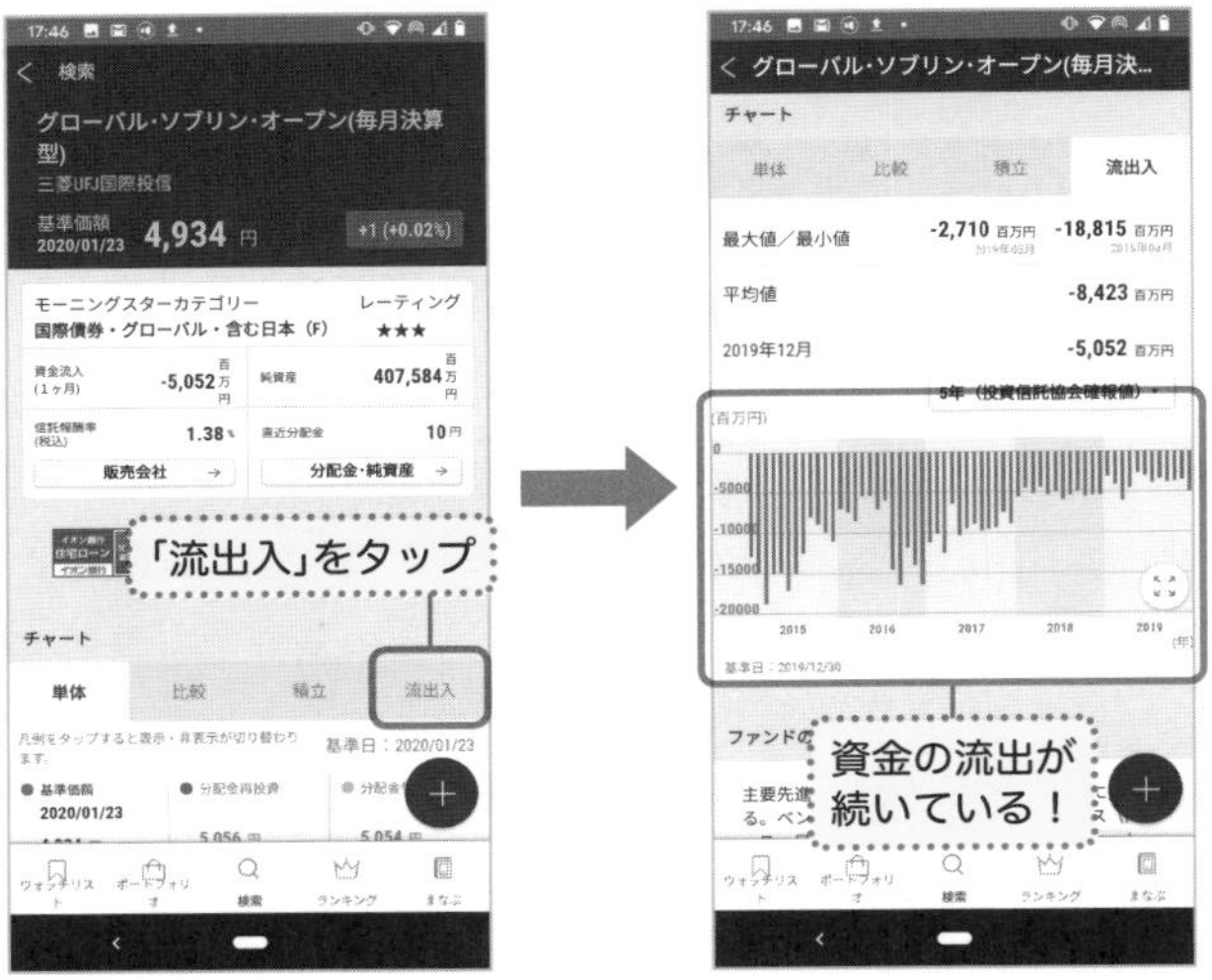
グローバル・ソブリン・オープン(毎月決算型)
三菱UFJ国際投信
基準価額 2020/01/23 4,934 円
+1 (+0.02%)
モーニングスターカテゴリー
国際債券・グローバル・含む日本（F）
レーティング ★★★
資金流入（1ヶ月） -5,052 百万円
純資産 407,584 百万円
信託報酬率（税込） 1.38％
直近分配金 10円
販売会社
分配金・純資産
「流出入」をタップ
チャート
単体
比較
積立
流出入
最大値／最小値 -2,710 百万円 -18,815 百万円
平均値 -8,423 百万円
2019年12月 -5,052 百万円
5年（投資信託協会確報値）
資金の流出が続いている！

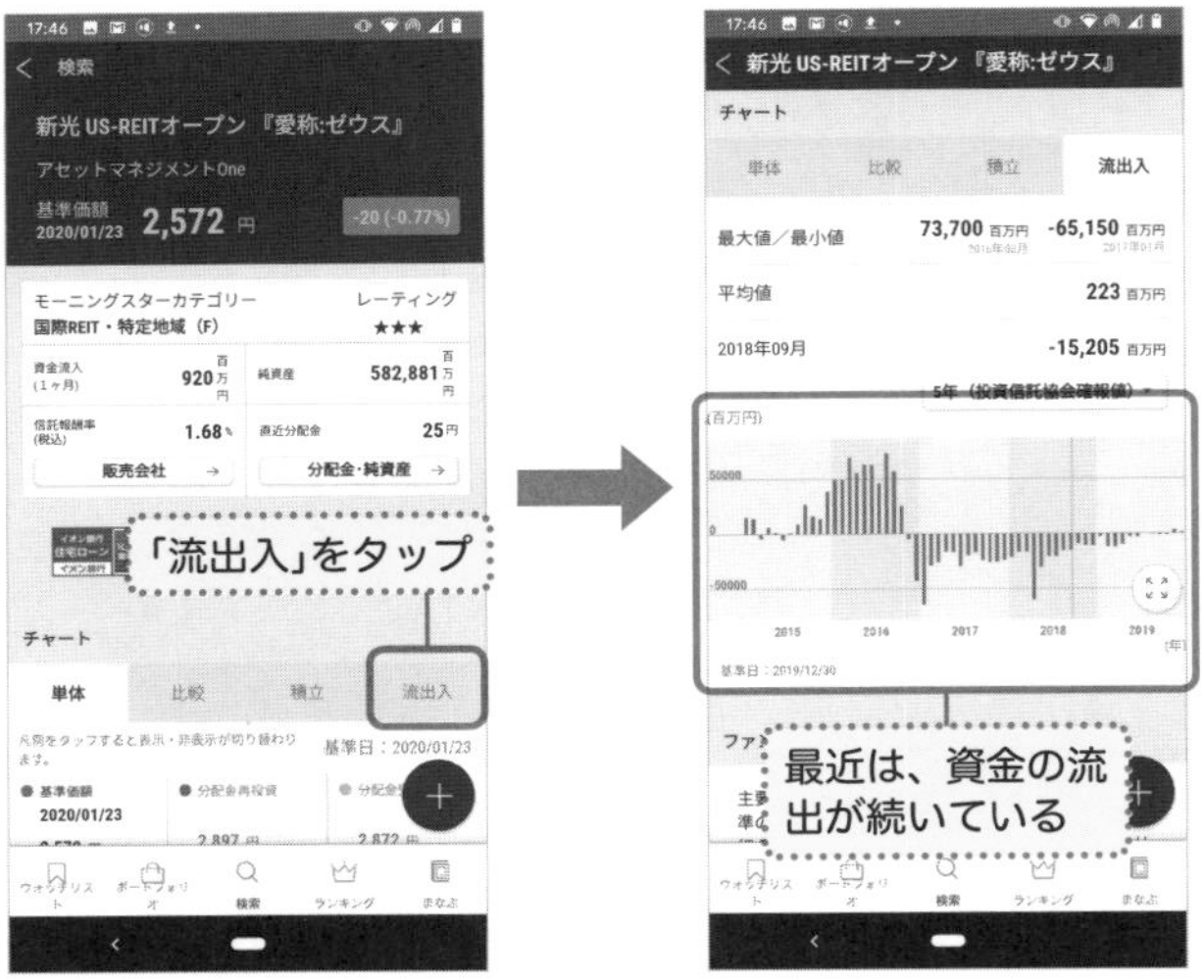
新光 US-REITオープン 『愛称:ゼウス』
アセットマネジメントOne
基準価額 2020/01/23 2,572 円
-20 (-0.77%)
モーニングスターカテゴリー
国際REIT・特定地域（F）
レーティング ★★★
資金流入（1ヶ月） 920 百万円
純資産 582,881 百万円
信託報酬率（税込） 1.68％
直近分配金 25円
販売会社
分配金・純資産
「流出入」をタップ
チャート
単体
比較
積立
流出入
最大値／最小値 73,700 百万円 -65,150 百万円
平均値 223 百万円
2018年09月 -15,205 百万円
5年（投資信託協会確報値）
最近は、資金の流出が続いている

図4-4 **「資金流出入」の状況をグラフでチェック**

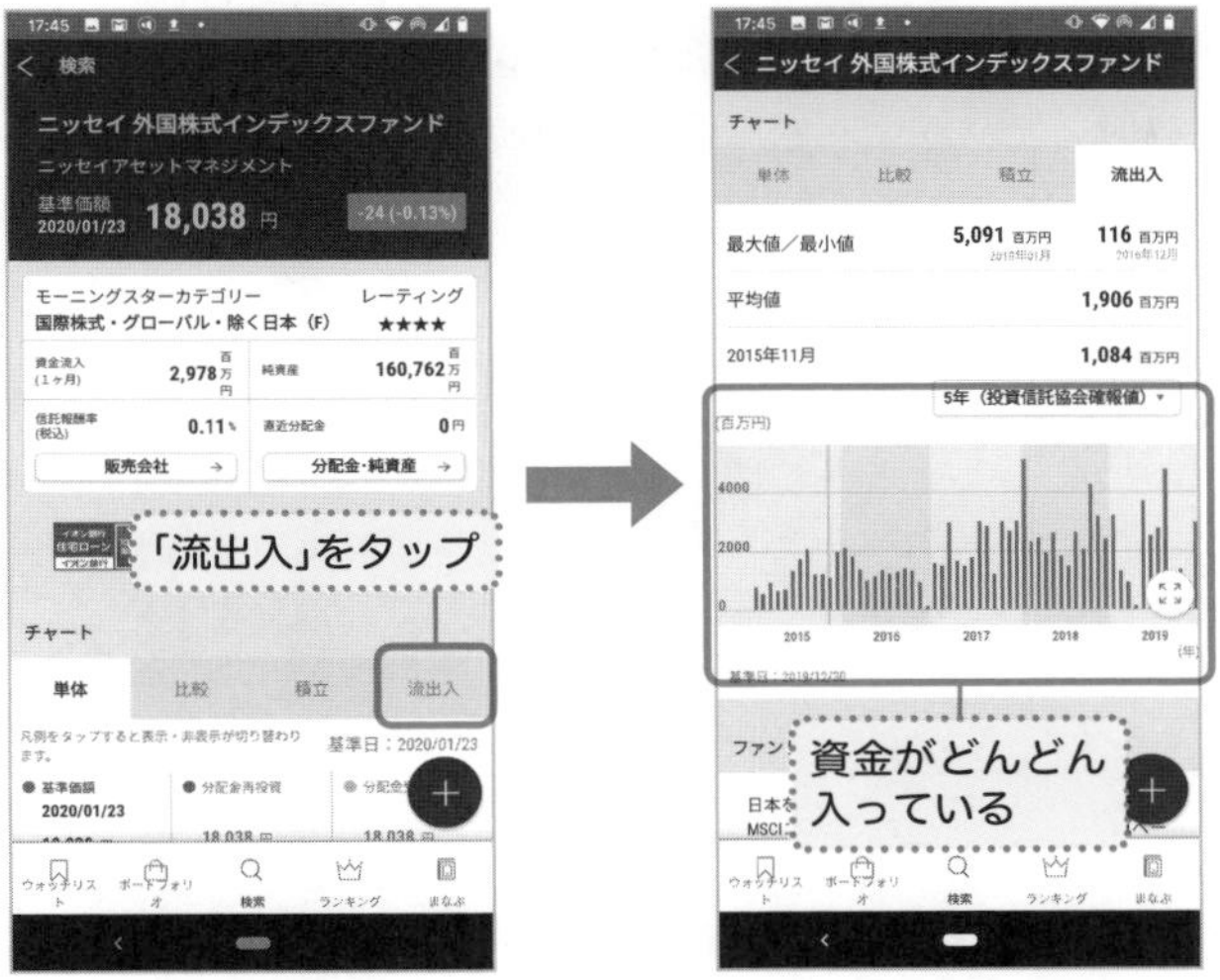

るためには、安定的な資金流入も重要な要素の1つといえます。

具体的に**チェックすべきデータは「月次資金流出入額」**です。スマホアプリ「My投資信託」では、個別ファンドの月次資金流出入額のデータをグラフで表示できます（図4－4）。資金流出が続いている投信は避けましょう。

ただし、株式市場が好調なときは「利益を確定させよう」と考えて投信を解約する投資家が増えますし、株式市場が急落したときなどにも値下がりに耐えられず解約する投資家がいます。相場環境しだいで、どうしても流出が流入を上回る場合はあるものです。

このため、一時的に資金流出が続いたとしても、長い目で見て資金が入ってきていれば問題ないと考えて構いません。

○アクティブファンドは純資産額1000億円未満がおすすめ

また、**アクティブファンドは純資産額が1000億円未満であることも一つの目安**になります。たくさん資金が集まるのはよいことのように思えるかもしれませんが、実は純資産が増えすぎるのは、運用上あまり好ましいことではないからです。

第1の理由はコストです。資産額が増えれば、運用するファンドマネジャーは一つの銘柄に投資する金額が増えるので、その銘柄を一度に買えない可能性が出てきます。大きなお金を動かす分、ファンドマネジャーが想定していた以上にその銘柄の価格が上がってしまうと、1株あたりの購入単価が上がり、全体の購入コストがかさんでしまうおそれがあります。

第2の理由は、話が少し複雑です。ここでは、1000億円の純資産を持つ〈いっせんおくファンド〉を例にとって考えましょう。

〈いっせんおくファンド〉は、「(1)投資する銘柄数を100前後、(2)投資する会社の全体価値の5％以内」という方針で運用していたとします。1000億円を100銘柄で運用するということは、一つの銘柄への投資額は10億円です。また、「投資する会社の全体価値の5％以内」ということは、時価総額が200億円（10億円÷5％）以上の会社が投資対象となります。

さて、〈いっせんおくファンド〉は多くの投資家から資金を集めることに成功し、純資産を5000億円に伸ばしたとします。運用会社としては、たくさんの投資家に支持されてめでたしめでたし、といいたいところですが、実はこれでは、運用上ちょっと困ったことが起こります。

なぜなら、5000億円を100銘柄で運用するには、1銘柄への投資額は50億円、したがって〈いっせんおくファンド〉が投資できるのは時価総額が1000億円（50億円÷5％）以上の会社ということになり、投資範囲が非常に狭まってしまうからです。

ここで疑問を持った方がいるかもしれません。〈いっせんおくファンド〉は、なぜ「投資する会社の全体価値の5％以内」と決めているのでしょうか？

それは、**「保有する銘柄を売りたいときに売れるかどうか」を気にしているから**です。あまり多く保有しすぎると、思いどおりのタイミングで株式を売ることができなくなってしまうかもしれないため（これを「流動性リスク」といいます）、〈いっせんおくファンド〉は保有する銘柄に上限を設けているのです。

このように、純資産が急激に増えると流動性リスクが高まります。流動性リスクが高まれば、運用上の制約が生じ、ひいてはパフォーマンスが悪化するおそれがあります。これが、「純資産が増えすぎることは運用上好ましくない」とお話しした第2の理由です。

国内株式型アクティブファンドの選び方

アクティブファンドを選ぶためのポイントを押さえたところで、国内株式型を例としてアクティブファンドの選び方を見ていきましょう。使用するのは、モーニングスターのスマホアプリ「Ｍｙ投資信託」です。次のように検索項目を入力してください。

【主な検索項目】

①データ対象範囲：「主要公募投信（ＤＣ専用・ＳＭＡ専用・ＥＴＦ除く）」が選択されていることを確認します。

②償還までの期間：「無期限」を選択します。

③純資産規模：「10億円以上」を選択します。

ここから図4－5で説明します。

④トータルリターン（相対水準）：「3年カテゴリー平均以上」を選択します。同じカテゴリーどうしでパフォーマンスを比較するため、過去3年にわたりカテゴリー平均を上回るトータルリターンをあげているファンドを抽出します。

⑤運用経過年数：「3年以上」を選択します。リターンのバラツキを見るためには、できるだけ長期の運用実績を重視すべきです。ここでは3年以上を最低ラインとします。

【投資対象】

⑥モーニングスターカテゴリー：「国内株式型」を選択します。

【運用戦略】

⑦インデックスファンド：検索対象がアクティブファンドのみになるよう、「インデックスファンドを除外」を選択します。

【決算・分配金】

⑧決算頻度：「年1回」を選択します。投信は少なくとも年1回、多いものは月に1回の決算を行います。決算頻度が多い投信は決算のたびに分配金を出すものが多く、複利効果を活かせないため長期投資には不向きです。このため年2回以上決算を行うファンドを除外します。

【シャープレシオ】

⑨シャープレシオ3年：「0・5以上」を選択します。

アクティブファンドの検索条件には、「トータルリターン」「運用経過年数」「決算頻度」「シャープレシオ3年」という新たな項目が含まれています。パフォーマンスにほとんど差がつかないインデックスファンドに対し、アクティブファンドはファンドマネジャーの手腕次第で大きな差がつきます。長期間にわたって高いパフォーマンスを維持している投信ほど優れているといえるため、検索条件にシャープレシオ等の項目を加えることでスクリーニングにかけるわけです。

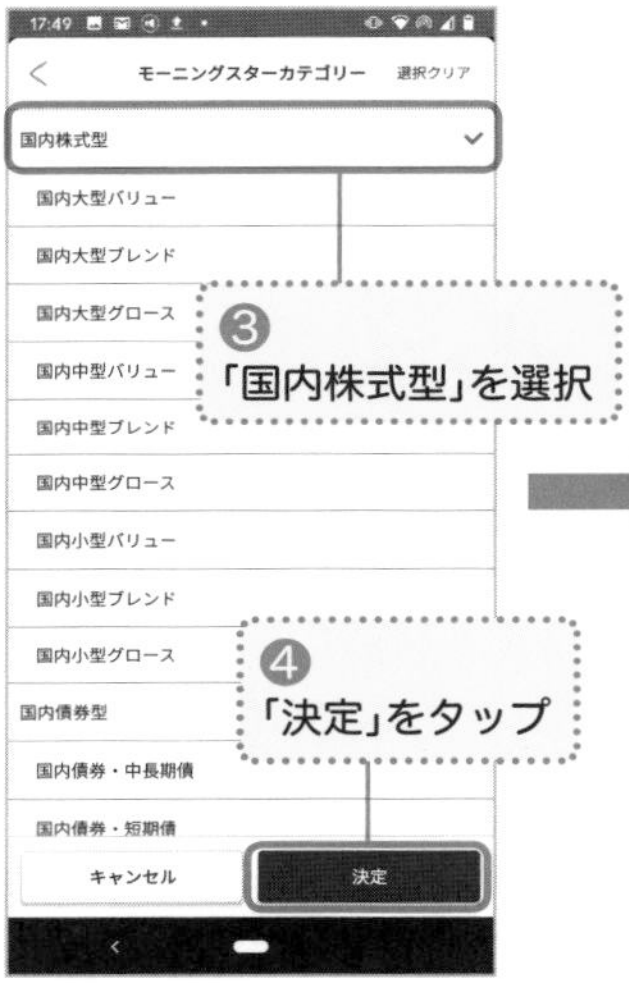
モーニングスターカテゴリー
選択クリア
国内株式型
国内大型バリュー
国内大型ブレンド
国内大型グロース
国内中型バリュー
国内中型ブレンド
国内中型グロース
国内小型バリュー
国内小型ブレンド
国内小型グロース
国内債券型
国内債券・中長期債
国内債券・短期債
キャンセル
決定
❸「国内株式型」を選択
❹「決定」をタップ

インデックスファンド
選択クリア
インデックスファンドのみ
インデックスファンドを除外
❺「インデックスファンドを除外」を選択

決算頻度
選択クリア
年1回
年2回
年4回（四半期毎）
年6回（隔月）
年12回（毎月）
❻「年1回」を選択

複利効果を活かすために「年1回」を選択する

図 4-5 国内株式型アクティブファンドを検索する

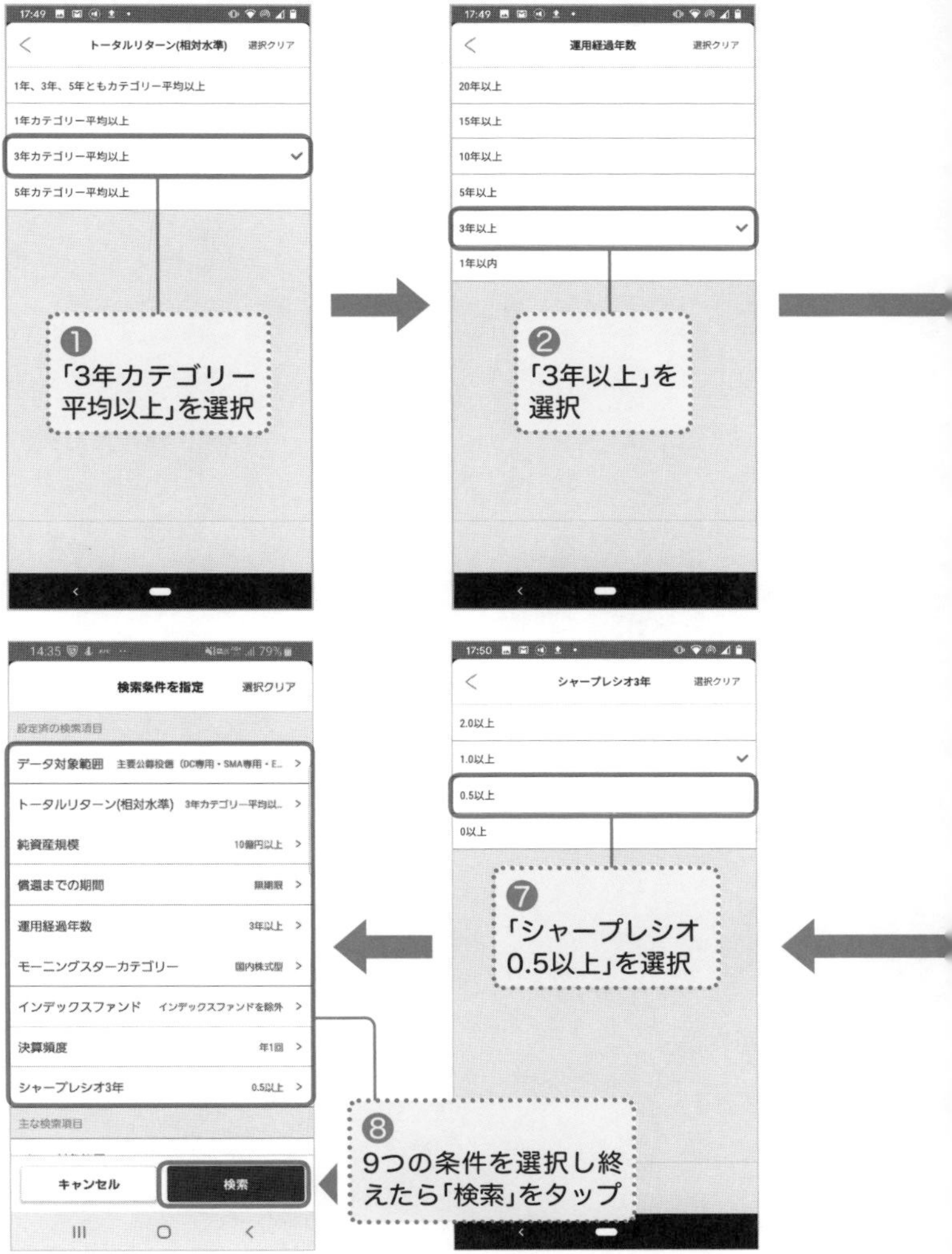

9項目の条件を選択したら、画面右下の「検索」ボタンをタップしましょう（図4－5）。

次に、検索結果に残ったファンドを比較しましょう。右下の「銘柄を比較」ボタンをタップして比較するファンドの名前の前にチェックを入れ、「比較する」ボタンをタップします。表示されたファンド比較画面でプルダウンメニューから「3年」「5年」「10年」を順に選ぶと、過去のパフォーマンスをグラフで見比べることができます（図4－6）。

運用実績をチェックする際は、より長期の実績を重視します。グラフで候補となった2本のファンドの「10年」のパフォーマンスを見ると、より優れているのは〈三井住友・中小型株ファンド〉であることが分かります（図4－7）。そこで、このファンドを選んでよいかどうか、詳細を確認していきましょう（図4－8）。

〈三井住友・中小型株ファンド〉の画面で、まず信託報酬率（税込）を確認します。

パフォーマンスはコスト控除後のものですから、ここで絞り込んだファンドは多少コストが高くてもしっかりパフォーマンスを上げていることは間違いありません。しかし信託報酬が高ければ運用成績がふるわないときに重い負担となりますから、一定の基準は設けたほうがいいでしょう。2％を一つの目安として、それ以上のものは避けてください。

図4-6 複数のファンドのパフォーマンスを比較する

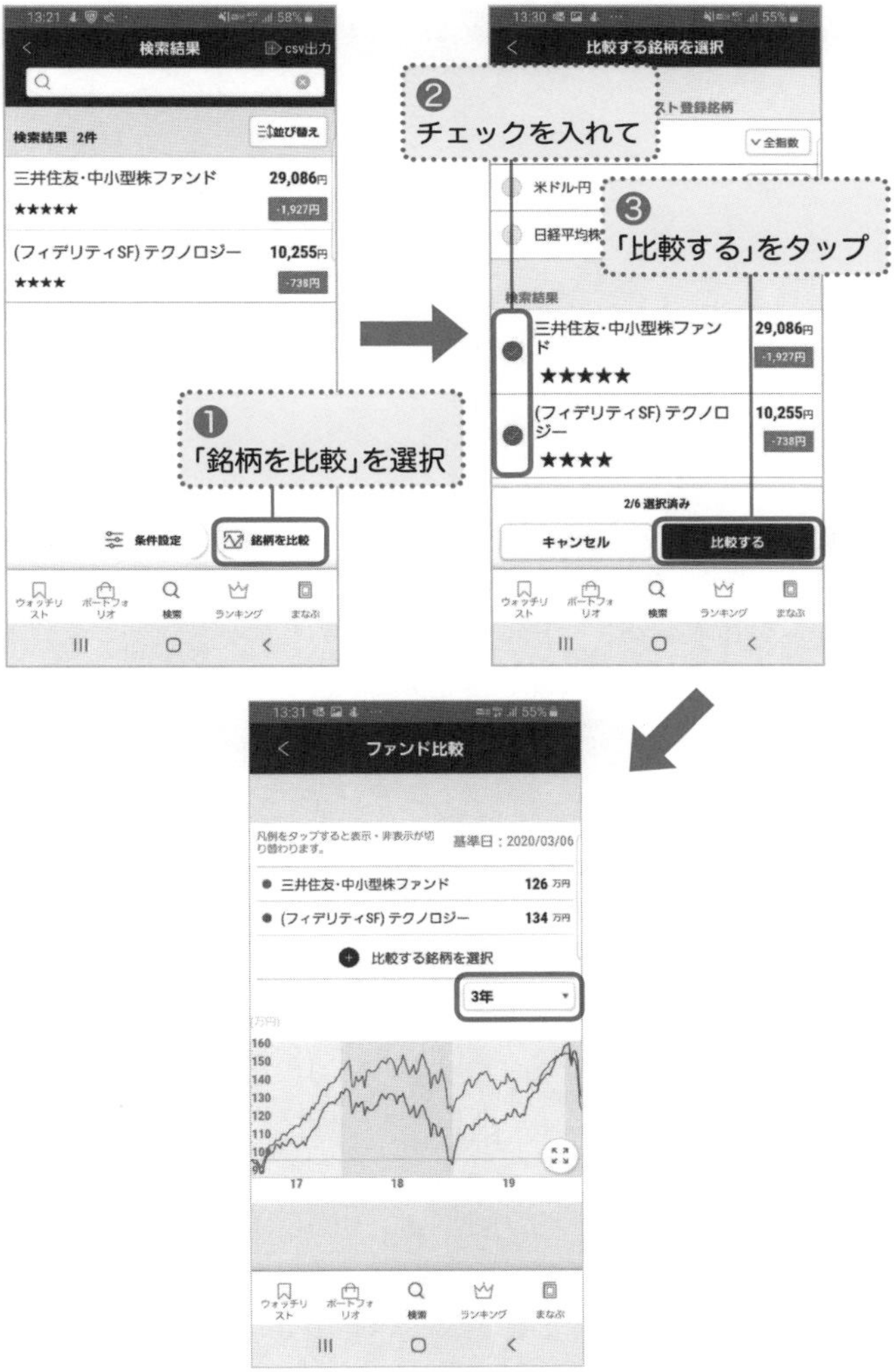

図 4-7　複数のファンドのパフォーマンスを比較する②

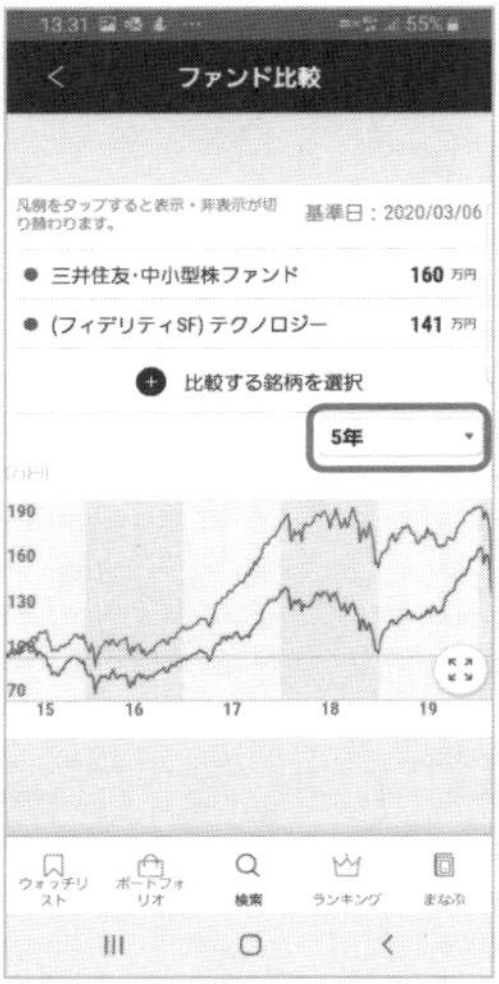

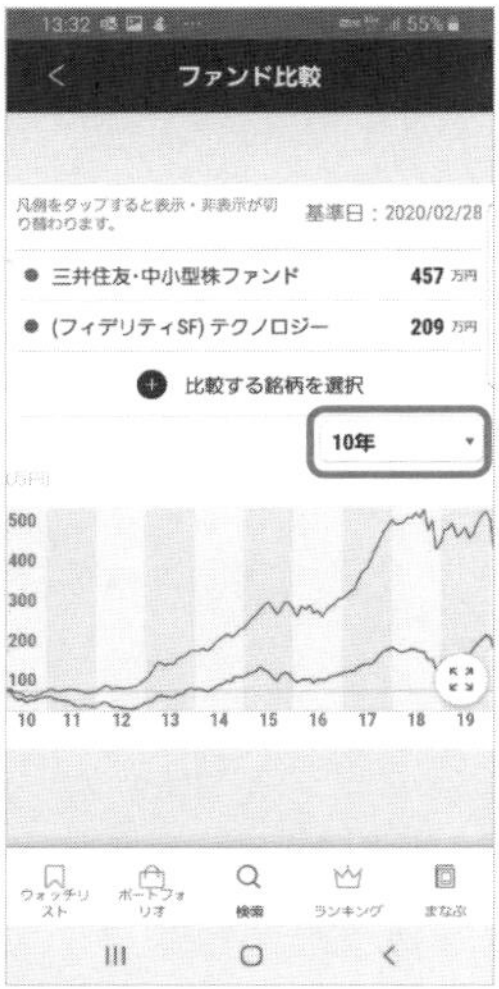

図 4-8 **国内株式型アクティブファンドの詳細を確認**

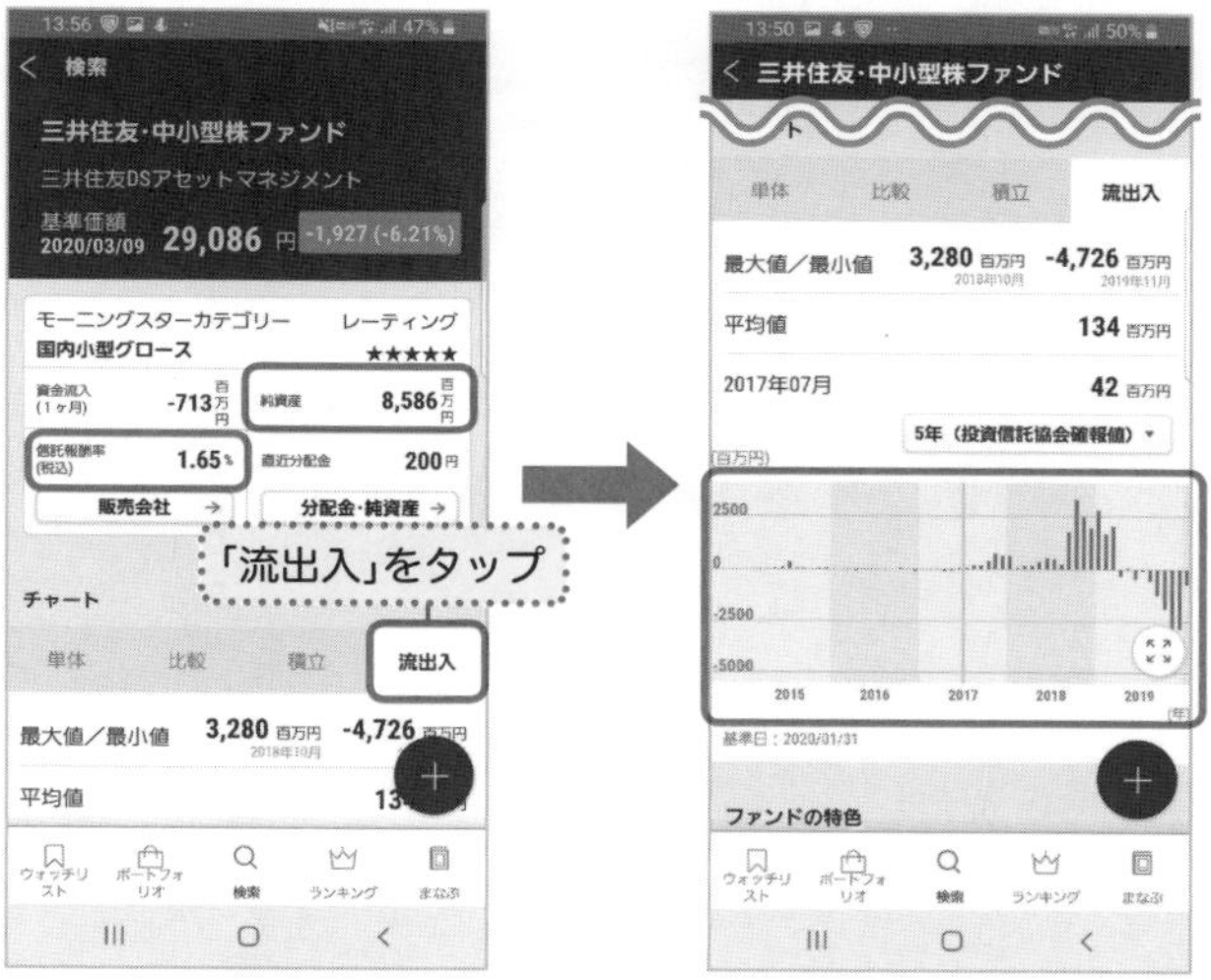

〈三井住友・中小型株ファンド〉は1・65％ですから、基準をクリアしています。

次に純資産も確認しましょう。100億円超のものは避けるべきだとアドバイスしましたが、〈三井住友・中小型株ファンド〉は100億円以下なので、これも基準内です。

続いて、資金流出入を確認します。チャートの「流出入」タブをタップしてグラフを確認してください（図4－8）。

最近は少し資金が流出してい

ますが、大幅な資金流出が続いているわけではないので、これも問題なさそうです。

〈三井住友・中小型株ファンド〉は、ポートフォリオに組み入れる候補として有力です。最後に、このファンドの組入銘柄を調べてみましょう。これは直近の運用レポートを見る必要があります。「ファンドの特色」の「目論見書・月報」ボタンをタップすると、モーニングスターウェブサイトの〈三井住友・中小型株ファンド〉のページを見ることができます。このページ下部に掲載されている月報を開くと直近のポートフォリオが確認できます（図4－9）。

月報には「組入上位10銘柄」が掲載されています。国内株式型インデックスファンド〈eMAXIS Slim国内株式（日経平均）〉の組入上位10銘柄と比較したのが図4－10です。2つを比較してみると重複している銘柄はないので、〈三井住友・中小型株ファンド〉をポートフォリオに組み入れることでより多くの銘柄に分散できそうです。

以上のステップから、ポートフォリオに組み入れるなら

〈三井住友・中小型株ファンド〉

図 4-9 国内株式型アクティブファンドの詳細を確認②

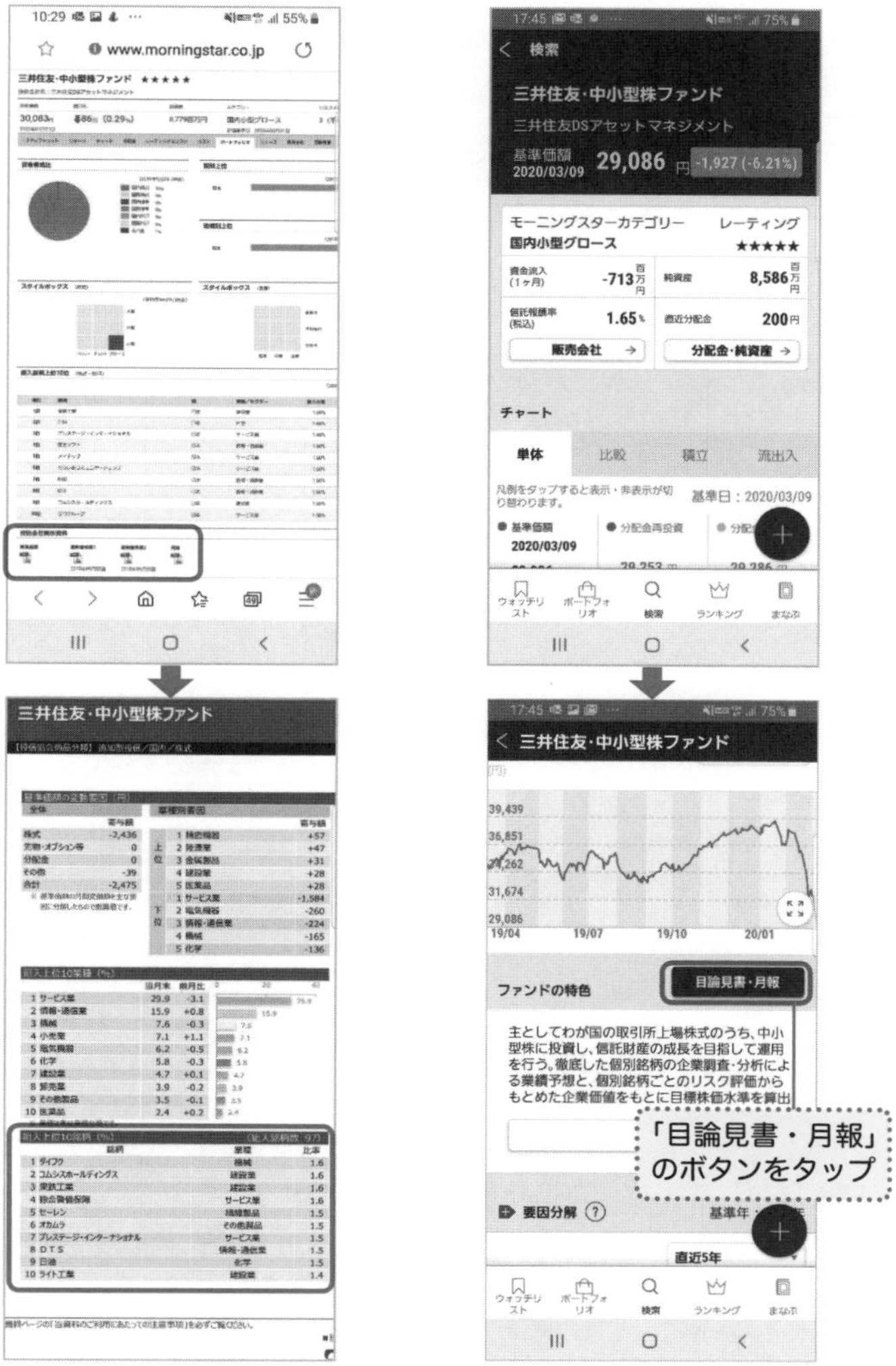

図 4-10 国内株式型アクティブファンドの詳細を確認③

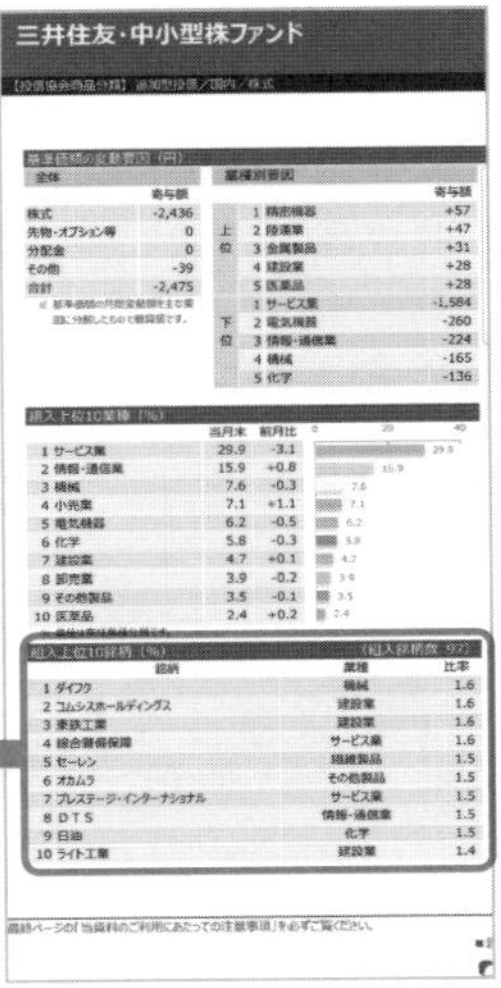

組入上位10銘柄（%）　（組入銘柄数 97）

銘柄	業種	比率
1 ダイフク	機械	1.6
2 コムシスホールディングス	建設業	1.6
3 東鉄工業	建設業	1.6
4 綜合警備保障	サービス業	1.6
5 セーレン	繊維製品	1.5
6 オカムラ	その他製品	1.5
7 プレステージ・インターナショナル	サービス業	1.5
8 DTS	情報・通信業	1.5
9 日油	化学	1.5
10 ライト工業	建設業	1.4

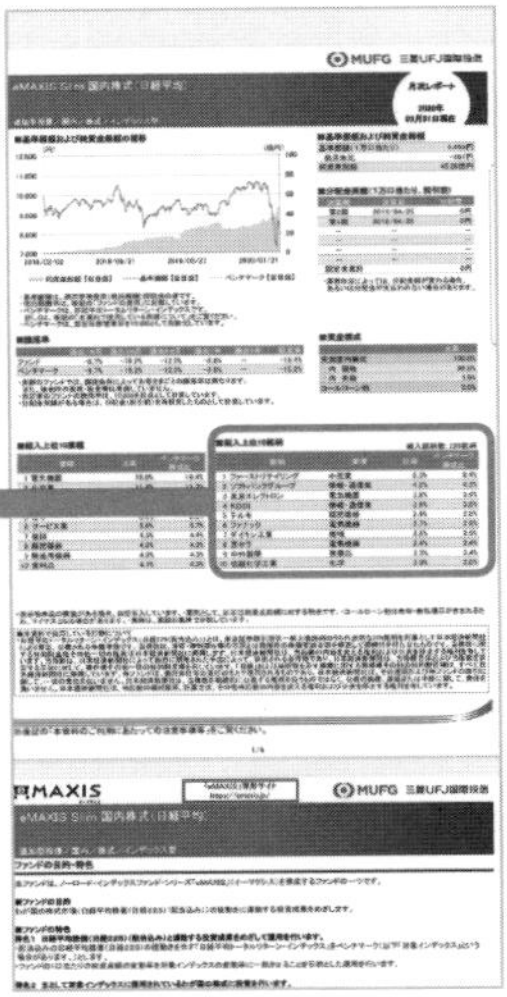

■組入上位10銘柄　組入銘柄数: 225銘柄

銘柄	業種	比率	ベンチマーク構成比
1 ファーストリテイリング	小売業	8.3%	8.4%
2 ソフトバンクグループ	情報・通信業	4.2%	4.3%
3 東京エレクトロン	電気機器	3.8%	3.9%
4 KDDI	情報・通信業	3.6%	3.6%
5 テルモ	精密機器	2.8%	2.8%
6 ファナック	電気機器	2.7%	2.8%
7 ダイキン工業	機械	2.5%	2.5%
8 京セラ	電気機器	2.4%	2.4%
9 中外製薬	医薬品	2.3%	2.4%
10 信越化学工業	化学	2.0%	2.0%

が候補となります。ただし、あくまでも2020年2月時点での候補になります。今後の運用推移によっては当然、候補は変わってきます。

先進国株式、新興国株式についてもファンドの選び方は基本的に同じです。モーニングスターカテゴリーはそれぞれ「国際株式・グローバル・除く日本（為替ヘッジ無）」「国際株式・エマージング・複数国（為替ヘッジ無）」として検索します。

アクティブファンドの組み入れを検討したいという方は、ぜひここでご紹介したステップを参考にしてファンド選びにチャレンジしてみてください。

企業型DC、iDeCo、つみたてNISAの使い方

購入した投信の基準価額が上昇し、10万円の値上がり益が出たとしましょう。ここで「やった、10万円儲かった！」と考えるのは早計です。投信で運用して利益を得ると、その分には税金がかかります。

たとえば投信を売却して値上がり益を得た場合は、「上場株式等の譲渡による所得（譲渡所得）」として所得税15・315％、住民税5％、合わせて20・315％（復興特別所得税を含む）が課税されます。

10万円の値上がり益が出た場合、税額は「10万円×20・315％＝2万315円」となり、手元に残る儲けは7万9685円となるわけです。

運用益にかかる税額を計算してみると、その負担がかなり重いことがわかります。そこで積極的に活用したいのが、税金を節約してお得に運用できる制度です。

投信で運用でき、運用益が非課税になる制度には、老後資金作りを目的とした厚生労働省管轄の「企業型DC（企業型確定拠出年金）」「iDeCo（イデコ、個人型確定拠出年金）」のほか、金融庁管轄で投資目的を問わない「つみたてNISA」などがあります。

企業型DCは、「企業が毎月拠出してくれる掛け金を、加入者である従業員が自分で運用する制度」です。「そういえばウチの会社も企業型DCがあるみたいだけれど、考えるのが面倒でほったらかしにしている」という方はいないでしょうか？　企業型DCでは預金や保険など元本確保型の商品を選んでいる人が多いのですが、投信を選んで掛け金を運用することができます。運用益が非課税になるだけでなく、将来の受取時も税制面で優遇がありますから、勤務先に企業型DCがある方は最優先で利用すべきです。投信のラインナップは勤務先によって異なりますが、この本で学んだ投信の選び方を応用し、インデックスファンドでポートフォリオを組むのがお勧めです。

iDeCoは、老後に向けて「自分でお金を出して、自分で運用し、自分の年金を作る」ための制度です。iDeCoの大きな魅力は充実した税制メリットにあります。運用益が非課税になるだけでなく、掛け金を拠出した分は全額所得控除の対象となり、所得税や住民税が安くなります。さらに、受取時にも税制面での優遇が受けられます。ただし年金作りを目的とした制度なので、運用したお金を受け取れるのが60歳以降になる点は注意が必要です。

勤務先に企業型DCがある場合、規約などによりiDeCoに加入できないケースもありますが、それ以外の「20～59歳で、国民年金や厚生年金などの公的年金に加入している人」は全員加入可能です。老後資金作りを目的に運用するなら、iDeCoを優先して活用しましょう。

iDeCoは銀行や証券会社などの金融機関が「運営管理機関」として窓口になっており、各金融機関に自分で口座開設の申込をする必要があります。金融機関により投信のラインナップは異なりますが、やはりこの本で学んだ投信の選び方を応用し、インデックスファンドでポートフォリオを組むといいでしょう。

金融庁管轄の制度は複数ありますが、積立投資で長期資産形成をするのに向いているのは「つみたてNISA」です。20歳以上で国内に住んでいる人ならだれでも利用できます。「金融庁が定めた一定の条件を満たす投資信託（ETFを含む）」に「積立」で投資すると、「投資した年から最長20年間」にわたって投資により得た収益が非課税になるという制度で、利用できるのは、投資金額（元本）が「年間40万円」までです。

iDeCoとの大きな違いは、いつでも解約できる自由度です。老後資金作りに活用するにしても、急にお金が必要になったときに引き出し可能なのは便利です。

つみたてNISAにはいくつか注意点もあります。1つは、投信の入れ替えができないことです。年40万円という「枠」は、一度投資をするとその分は消滅し、再利用できません。このため、「つみたてNISA口座の中で持っている投信を売却し、その分で別の投信を買うことにより投信を入れ替える」ことはできません。

また、つみたてＮＩＳＡ口座は１人１金融機関でしか開設できません。金融機関によってつみたてＮＩＳＡ口座で買える投信が異なるほか、積立額や積立の頻度（毎月、毎週、毎日など）の設定の自由度も差があります。金融機関の商品やサービスが自分のニーズに合っているかどうか、事前によく調べてから口座を開く必要があります。

節税メリットを最大限に活かすなら、勤務先に「企業型ＤＣ」がある方はまずそれをフル活用しましょう。勤務先に企業型ＤＣがない方や自営業・フリーランスの方などは、「ｉＤｅＣｏ」を優先利用するのが得策です。企業型ＤＣやｉＤｅＣｏを使って運用したうえでさらに積み立てできる余裕があれば「つみたてＮＩＳＡ」をセットで利用するといいでしょう。

CHAPTER

5

購入後のポートフォリオ管理と売却はこうする

スマホアプリでポートフォリオを管理する

運用期間は長期にわたりますから、ときどき資産の状況をチェックし、場合によっては資産配分を整えたり、ポートフォリオに組み入れている投信を入れ替えたりといった対応をしていくことが必要になります。

アフターケアをしやすくするために、ポートフォリオの全体像をいつでも把握できるようにしておきましょう。

活用していただきたいのは、スマホアプリ「My投資信託」の**「ウォッチリスト」機能と「ポートフォリオ」機能**です。使い方を見ていきましょう。

まず、ポートフォリオに組み入れるために選んだファンドは、基準価額などをいつでも手軽に確認できるよう「ウォッチリスト」に登録しておきましょう。ファンドの画面右下の「＋」ボタンをタップし、登録したいウォッチリストを選びます（図5－1①）。「ウォッチリスト1」にはアプリをインストールした時点でいくつかのファンドが登録されていますが変更出来ます。ここでは「ウォッチリスト2」を選んでタップすれば登録完了です（図5－1②）。

ウォッチリストには画面左下の「ウォッチリスト」からアクセスできます。画面上のタブから「ウォッチリスト2」を選ぶと、登録したファンドを一覧で見ることができます。

画面右上の「編集」ボタンをタップすると、ウォッチリストの編集画面に進むことができます（図5－1③）。名前を分かりやすいものに変更しておくのがお勧めです。ここでは「資産形成」という名前にすることにしました。名前を入力したら右上の「完了」をタップします。

ポートフォリオに組み入れる候補となる銘柄は、すべて名前を付けたウォッチリストに登録してください。

次に、実際に自分のポートフォリオの損益状況を把握するために組み入れた銘柄を「ポートフォリオ」に登録していきます。積立投資する場合と一括投資する場合で登録のしかたが異なりますから、ここでは具体例として先に登場した太田さん、村山さんに再登場してもらいましょう。

まず、**毎月3万円を「国内株式10％」「先進国株式50％」「新興国株式40％」で積み立てる**

図 5-1 気になる銘柄はウォッチリストに登録

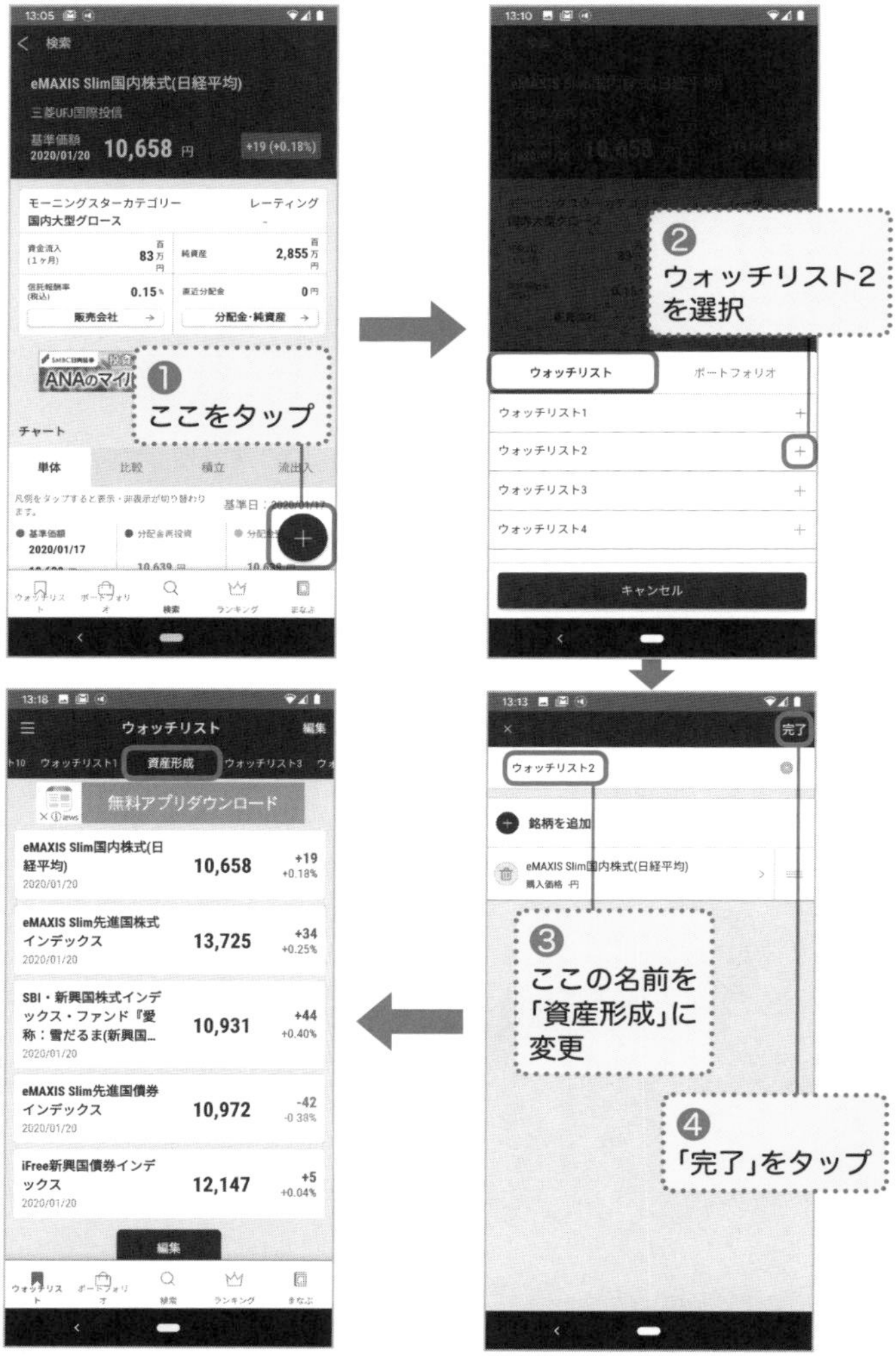

ことにした太田さんの場合です。
積み立てるファンドと毎月の積立額は、次のとおりです。

〈eMAXIS Slim国内株式（日経平均）〉　3000円
〈eMAXIS Slim先進国株式インデックス〉　1万5000円
〈SBI・新興国株式インデックス・ファンド〉　1万2000円

図5－2を見てください。ウォッチリストから組み入れる銘柄を選び、画面右下の「＋」ボタンをタップして、「ポートフォリオ」タブを開きましょう。ここで登録したいポートフォリオを選びます。「ポートフォリオ1」を選択しておきましょう。

次の画面で、「積立登録」のタブを選び、積立開始日と買付日、買付金額、買付（購入時）手数料を入力して「次へ」をタップしてください。最後に、登録内容を確認して「登録」ボタンをタップします。

太田さんは2019年4月25日に積み立てを開始し、買付日は毎月25日、〈eMAXIS Slim国内株式（日経平均）〉の買付金額は毎月3000円です。買付（購入時）手数料は無料なので0％と入力しました。さらに同様の手順で〈eMAXIS Slim先進国株式

図 5-2 組み入れた銘柄を「ポートフォリオ」に登録

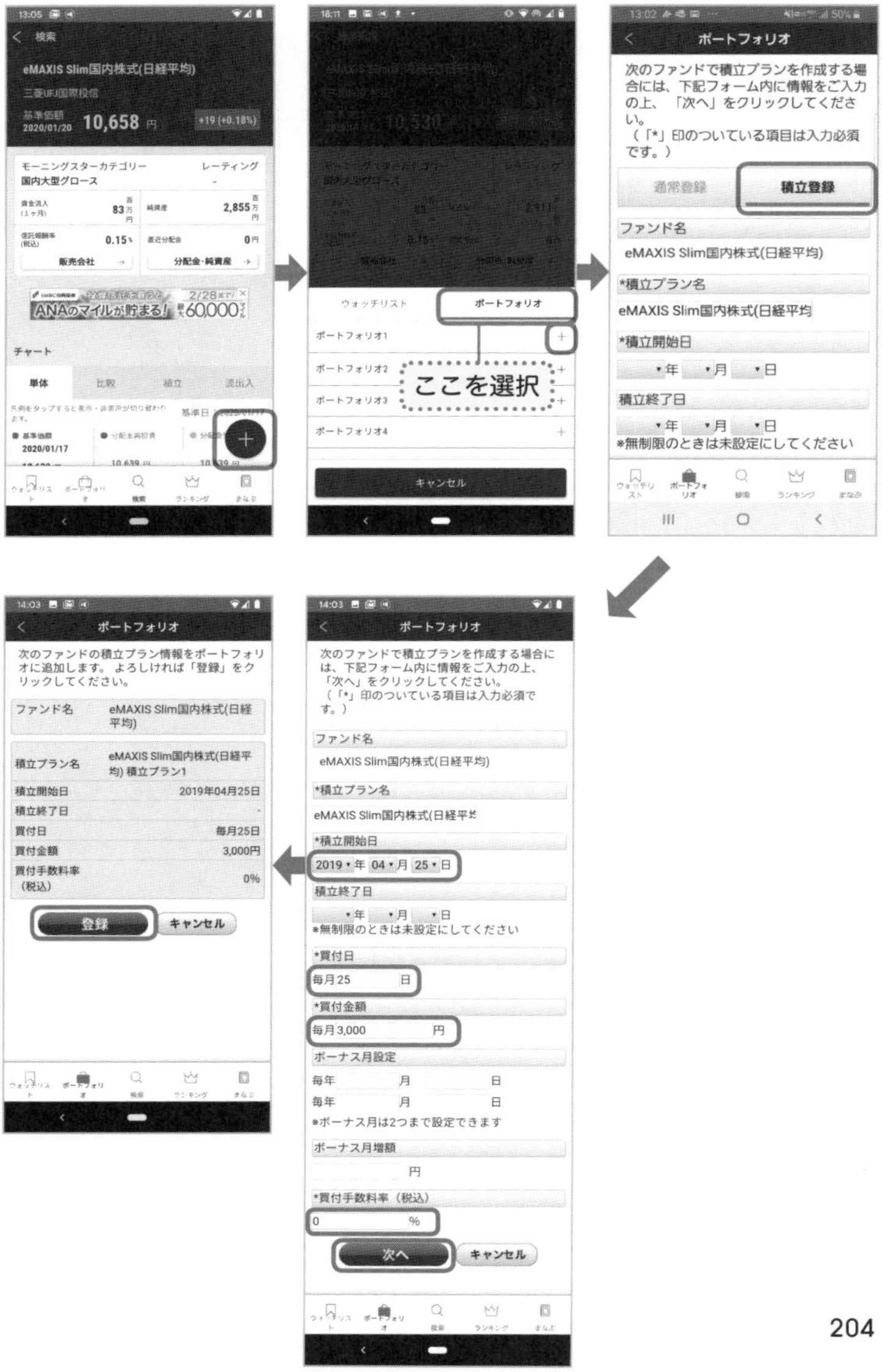

図 5-3 自分が保有するポートフォリオの状況を確認

インデックス〉と〈SBI・新興国株式インデックス・ファンド〉も登録しました。

ポートフォリオの状況を確認するには、「My投資信託」アプリ画面下の「ポートフォリオ」をタップします。画面を下にスクロールしていくと、現在の評価額、損益、ポートフォリオの資産構成、地域・国、ポートフォリオ全体のコストなどが確認できます。この画面で、積み立てている銘柄の「履歴」ボタンをタップすれば、いつ何口購入したのかも調べられます(図5-3)。

次に、**2000万円を「国内株式10%」「先進国株式30%」「新興国株式20%」「先進国債券30%」「新興国債券10%」で一括投資**することにした村山さんの場合です。

購入するファンドは、次のとおりです。

〈eMAXIS Slim国内株式(日経平均)〉 200万円
〈eMAXIS Slim先進国株式インデックス〉 600万円
〈SBI・新興国株式インデックス・ファンド〉 400万円
〈eMAXIS Slim先進国債券インデックス〉 600万円
〈iFree新興国債券インデックス〉 200万円

ウォッチリストから組み入れる銘柄を選び、画面右下の「+」ボタンをタップして、「ポートフォリオ」タブを開きましょう。ここで登録したいポートフォリオを選びます。ここでは「ポートフォリオ2」を選択します。

次の画面で、「通常登録」のタブを選び、ファンド購入日、購入金額、買付（購入時）手数料を入力して「次へ」をタップしてください。

次のページで入力内容を確認し、分配金処理は「再投資する」が選ばれていることを確認して「次へ」をタップします。

最後に、登録内容を確認して「登録」ボタンをタップします（図5－4）。

村山さんは2019年4月25日にファンドを購入しました。

〈eMAXIS Slim国内株式（日経平均）〉の購入金額は200万円です。

買付（購入時）手数料は無料なので0％と入力しました（図5－4）。

さらに同様の手順で〈eMAXIS Slim先進国株式インデックス〉〈SBI・新興国株式インデックス・ファンド〉〈eMAXIS Slim先進国債券インデックス〉〈iFree新興国債券インデックス〉も登録しました。

ポートフォリオの状況を確認するには、「My投資信託」アプリ画面下の「ポートフォリ

図 5-4　登録内容を確認して「登録」する

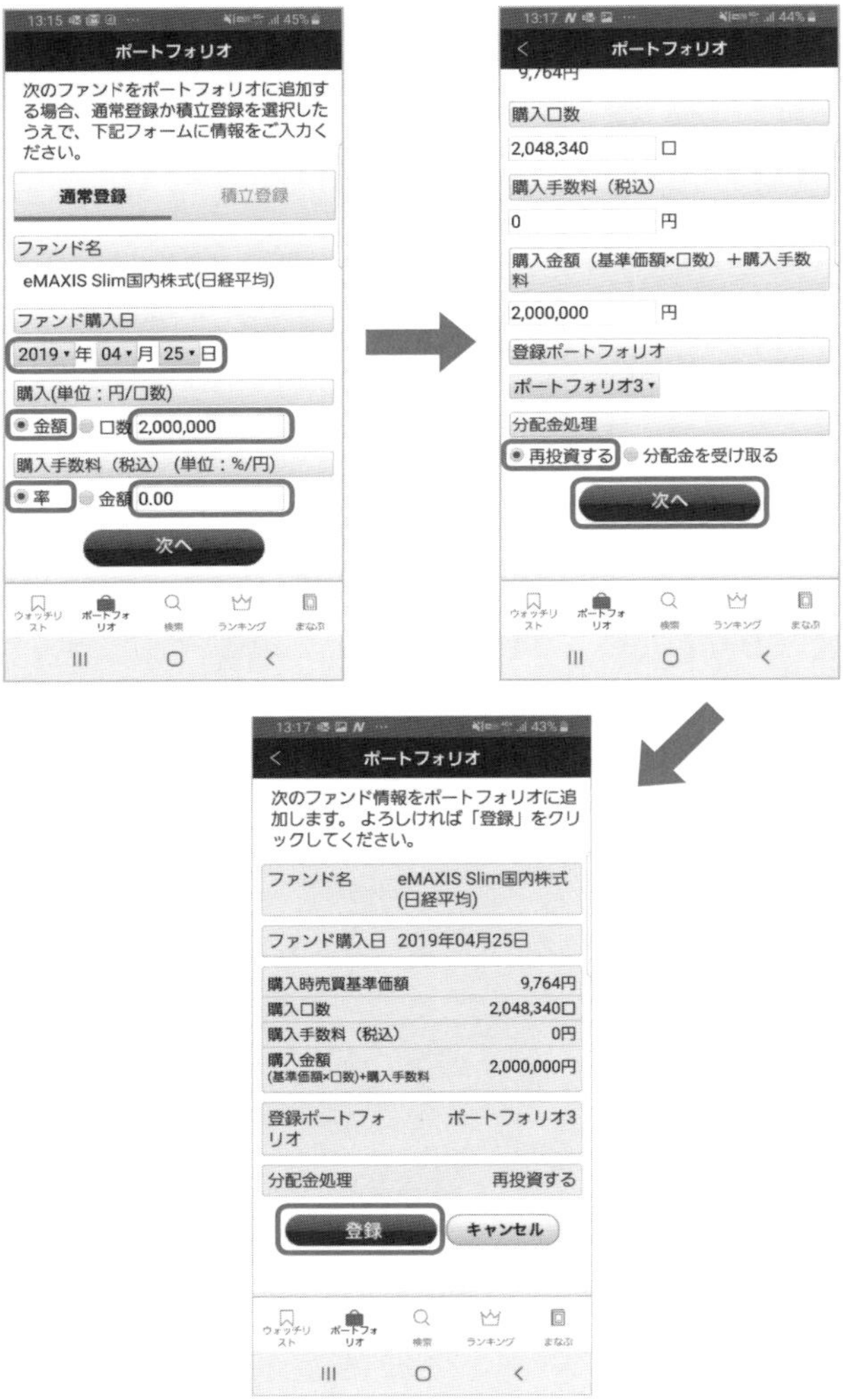

オ」をタップしてください。

画面を下にスクロールしていくと、現在の評価額、損益、ポートフォリオの資産構成、地域・国、ポートフォリオ全体のコストなどが確認できます(図5-5)。

「My投資信託」のポートフォリオ機能は、過去にさかのぼって登録することが可能です。「もしも選んだ投信で1年前から運用をスタートしていたら、今の資産状況はどうなっているか?」

など、実際に運用を始める前のシミュレーションのツールとしても活用することができます。

iFree新興国債券インデックス

価格（円）	前日比（円）	更新
11,669	-188	2/28
投資金額（円）	評価額（円）	損益（円）
2,000,000	2,068,971	+68,971

追加　売却　履歴　削除　積立

↑ページ上部へ

▶資産クラス別

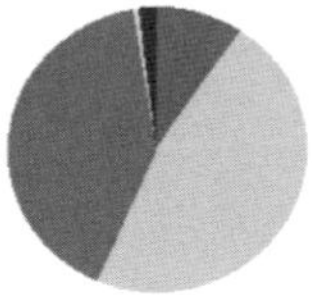

	比率(%)		比率(%)
●国内株式	9.43	●国内REIT	0.00
●海外株式	47.10	●海外REIT	0.64
●国内債券	0.00	●その他	1.95
●海外債券	40.88	合計	100.00

↑ページ上部へ

▶地域・国別

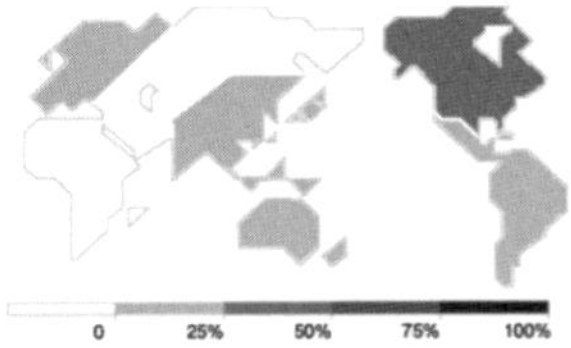

↑ページ上部へ

▶コスト

当ポートフォリオの信託報酬平均 0.16 %
当ポートフォリオのカテゴリ平均 1.21 %

eMAXIS Slim国内株式(日経平均)

実質信託報酬	カテゴリ平均	1年リターン
0.15%	1.11%	13.95%

eMAXIS Slim先進国株式インデックス

実質信託報酬	カテゴリ平均	1年リターン
0.11%	1.12%	21.19%

SBI・新興国株式インデックス・ファンド『愛称 ： 雪だるま(新興国株式)』

実質信託報酬	カテゴリ平均	1年リターン
0.20%	1.53%	6.35%

eMAXIS Slim先進国債券インデックス

実質信託報酬	カテゴリ平均	1年リターン
0.15%	1.01%	6.72%

iFree新興国債券インデックス

実質信託報酬	カテゴリ平均	1年リターン
0.24%	1.54%	7.21%

↑ページ上部へ

▶株式スタイル

銘柄数ベース（本）

バリュー	ブレンド	グロース	
0	0	1	大型
0	0	0	中型
0	0	0	小型

データなし　4

投資比率ベース（%）

バリュー	ブレンド	グロース	
0	0	10	大型
0	0	0	中型
0	0	0	小型

データなし　90

↑ページ上部へ

ウォッチリスト　ポートフォリオ　検索　ランキング　まなぶ

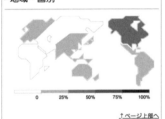

図 5-5　自分が保有するポートフォリオの状況を確認する

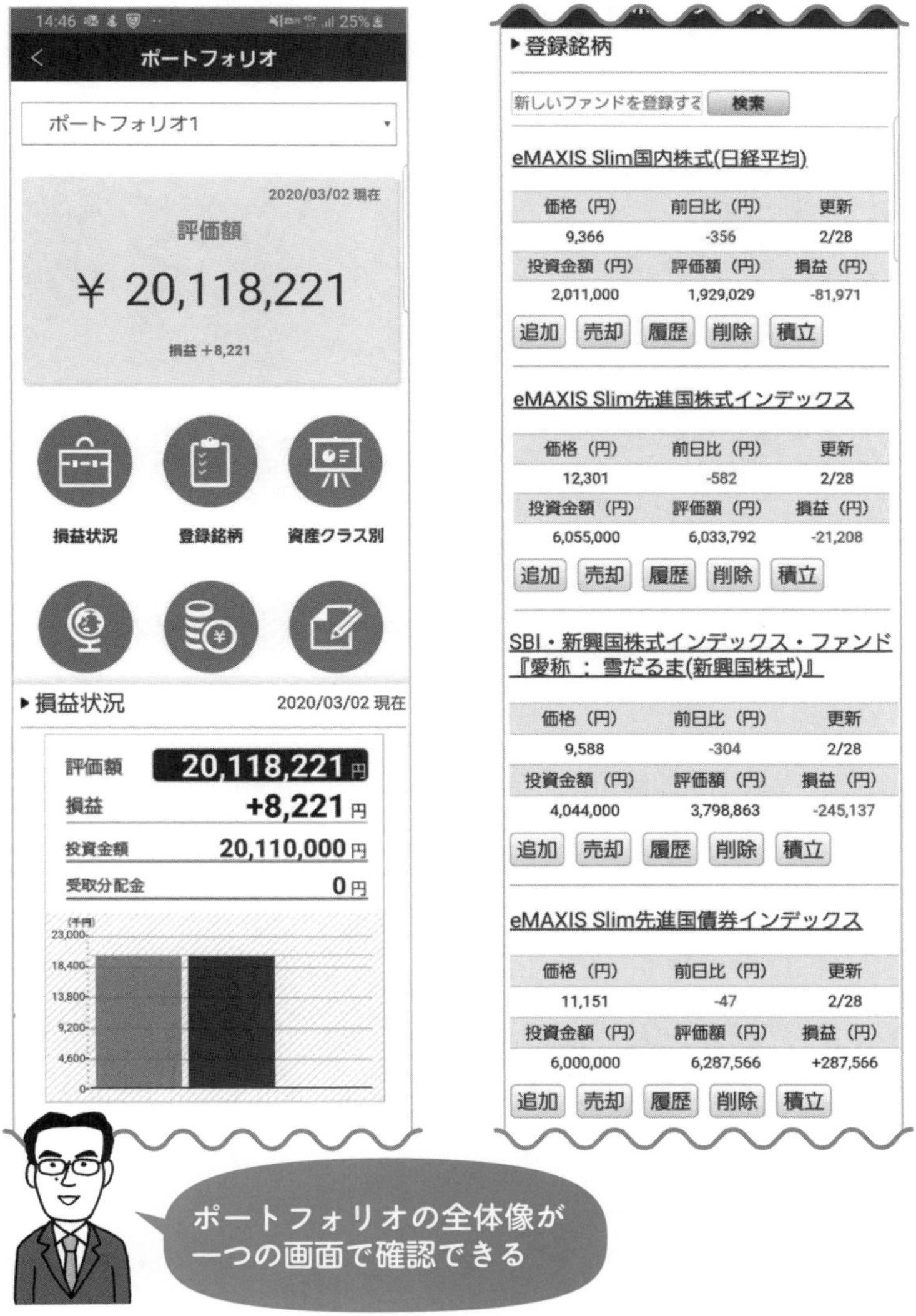

資産配分のバランスが崩れたら「リバランス」を

時の経過とともに資産配分が大きく変化してしまった場合は、それを元に戻す必要があります。

たとえば、CHAPTER2で登場した**「資産活用タイプ」**の村山さんは、株式型投信(国内株式+先進国株式+新興国株式)に60%、債券型投信(先進国債券+新興国債券)に40%の割合で資産を配分して運用を始めました。

仮にその後、株式市場は活況を呈して株価が上がり、逆に債券相場は下落して、運用開始から1年がたったころに村山さんのポートフォリオの構成比が株式型70%、債券型30%に変化したとします。運用を始めた当初の資産配分はリターンとリスクのバランスがいちばんよい状態に落ち着いていたわけですから、村山さんが株式型投信の比率の高いポートフォリオを持ち続ければ、当初の想定以上のリスクをとることになります。

このような場合、村山さんは、株式型投信を10%分売却し、そのお金で債券型を買い増してポートフォリオのバランスを当初の資産配分比率に戻すことを検討する必要があります。

このように、ポートフォリオ全体の資産配分を確認し、必要に応じてバランスを調整し直す作業を**「リバランス」**といいます（図5－6）。

リバランスは、ポートフォリオの中で値上がりした資産を売却し、下がっている資産を買い増す運用手法です。

そう聞くと、「相場が上がり続けたり下がり続けたりしたら、リバランスではパフォーマンスをあげられないのでは？」と思う方もいるかもしれません。たしかに、相場が一方的に上昇し続けている時期に、値上がりした資産を減らし続け、値下がりした資産を買い増していたのでは、お金はいっこうに増えないでしょう。

しかし、これはあくまでも短期的な視点での話です。

過去の歴史を振り返ってみると、一つの資産、あるいは一つの投資スタイルだけがつねに上昇し続けることはありません。

私たちが、この先長い時間をかけて投信を運用するあいだにも相場は循環するのですか

図 5-6 リバランスのやり方

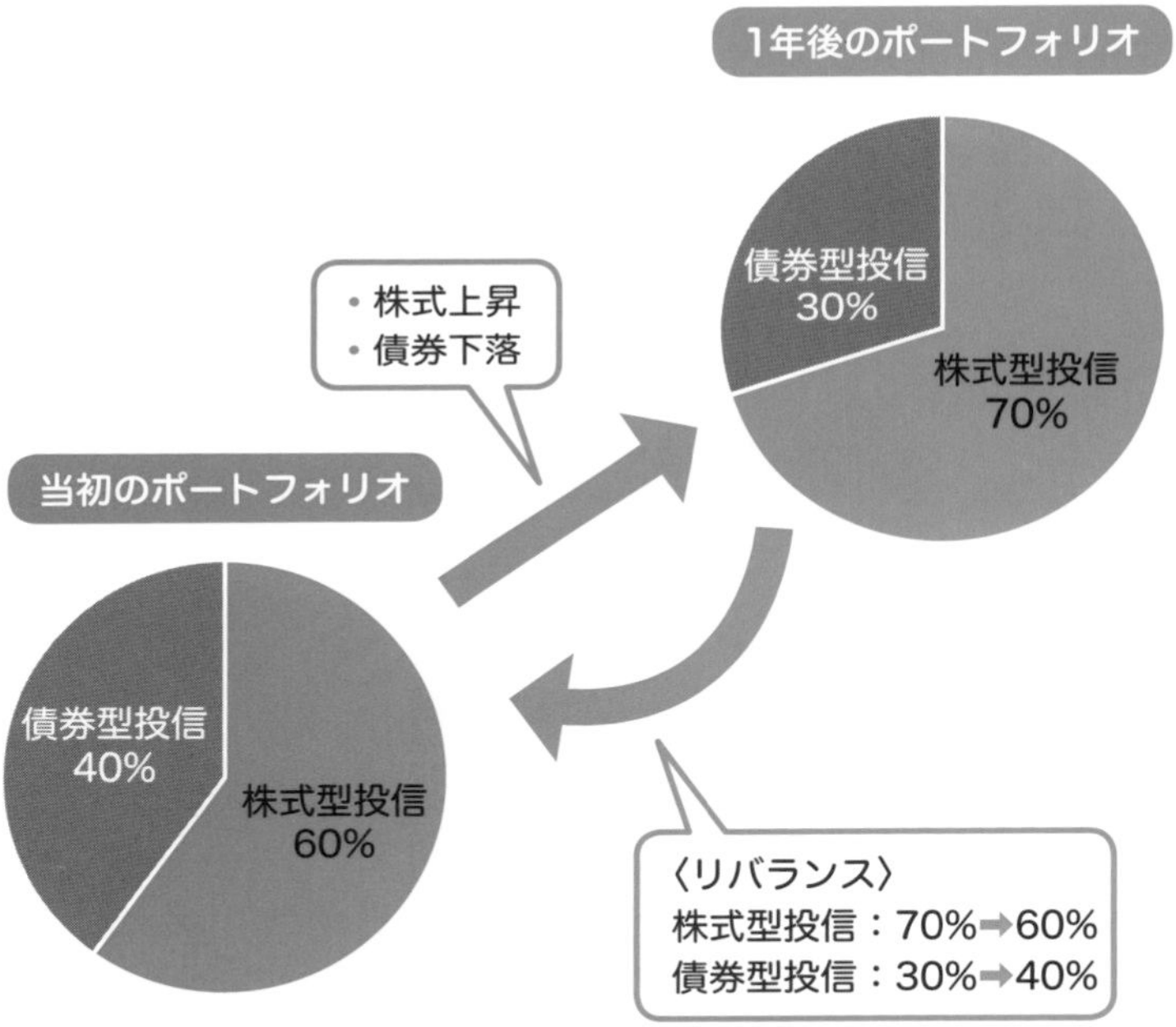

ら、お金を増やすうえで、リバランスは有効に働くと考えられます。

リバランスをする方法は、主に2つあります。

○リバランスの方法❶ 今ある資産内で調整する

一つ目の方法は、**想定していた以上に上昇した投信を売却して、もう一方の下落している投信を購入することでバランスを調整する**というものです。

ただし、このようなリバランスは、あまり頻繁に行うとあなたの資産を損ないかねません。投信を売却してほかの投信に乗り換える際、売却した投信の利益に対しておよそ20%の税金がかかるからです。

つまりリバランスをすると、ポートフォリオの資産額は税金の分だけ目減りするわけです。したがって、リバランスを検討するペースは1年に1度くらいにとどめておきましょう。

また、配分比率が当初のものからそれほど大きく変わっていなければ、リバランスを行う必要はありません。目安としては、**リバランスは当初の資産配分から±10%以上の差が生じたときに行う**と考えてください。

○リバランスの方法❷ 資金を新たに追加する

リバランスの二つ目の方法は、**新しく資金を追加して配分比率が下がった投信を買い増す**というものです。

この方法では、投信を売買するわけではないので、税金の問題は起こりません。

資金を新たに追加することでリバランスする場合も、1年に1度くらいのペースで行うことが理想ですが、まとまった現金がなければ、毎月少しずつ資金を追加していくことで資産配分を調整しても構いません。

アクティブファンド購入後のチェックポイント

ポートフォリオにアクティブファンドを組み入れている場合は、定期的に運用状況をチェックしましょう。

厳選した投信であっても、必ずしもこちらの計画どおりに運用されるとはかぎりません。あなたが資産運用の目的を達成するまでの長い道のりのあいだには、相場の潮目が変わったり、ファンドマネジャーが交代したりと、さまざまな変化が起こりえるのです。

定期的にチェックすべきことは、主に次のとおりです。

- **6カ月に1回**：月次報告書や「My投資信託」アプリ等で、(1)同じカテゴリー内の投信と比較して運用実績に問題はないか、(2)運用資金の流出入がどのように推移しているか、(3)純資産残高はどれくらいか、(4)組入銘柄、(5)運用体制に大きな変化はないか(運用会社の合併、ファンドマネジャーの交代、運用戦略自体の見直しなど)、(6)分配金の実績はどうか、を確認します。

このうち（1）～（5）は投信選びのときと同じ基準で確認してください。（6）については、これまで分配金を出していなかったファンドが急に分配金を出している場合、運用方針が変わってきたサインである可能性があります。

一般に分配金を出したファンドは一時的に人気が高まるため、それを狙って運用会社が人気取りに走って残高を拡大しようとするケースが少なくないのです。このような兆候が見られた場合は注意が必要でしょう。

ただし、たとえ大きな変化があった場合でも、6カ月未満ではまだその影響を読みきれません。この段階では特に行動を起こすことはせず、経過を注意深く観察するにとどめます。

- **1年に1回**：決算期ごとに作成される運用報告書に目を通し、運用方針に大幅な変更がないかを確認します。6カ月に1回のチェック内容と併せ、「運用報告書の内容に納得できない」「ときどき分配金を出して人気取りをしているように感じる」などといった場合は、ある程度パフォーマンスがよくても乗り換えを検討したほうがいいでしょう。

投資信託を売却するときの考え方

さあ、いよいよ最後になりました。本節では、投信の売却について説明していきます。投信で資産形成するのは、いずれその資産を活用するため。ですから長期投資とはいっても、いつかは「売る」ことになります。

では、投信はいつ、どう売るべきなのでしょうか？

運用を続けている以上、資産額は相場に応じて増減し続けます。「だいぶ増えたな」と思っていたところにリーマン・ショックやコロナ・ショックのような事態が起き、さまざまな資産の価格がいっせいに下落するような場面も考えられるでしょう。ちょうどそんなタイミングで、「投信を売却して現金にしないと……」という状況になるのは避けなくてはなりません。

考え方は大きく分けて２つあります。１つは、「住宅ローンの頭金を４００万円」といった「お金を使う時期が決まっている目標」を運用期間満了前に達成した場合の方法です。

このときは、売却して預貯金などに移しましょう。ここで「もっと増えるかもしれない」などと欲を出さないのが肝心です。

もう1つは、老後資金のように運用したお金を使う時期が長期にわたる場合に「売るときも時間分散する」方法です。

売却のタイミングに迷うのは、「今売ったら、あとでもっと値上がりするかも」「今後値下がりするなら、まとめて売りたい」というように気持ちが揺れるからでしょう。

実際、「売ったあとに振り返ったら、売却時が底値だった」ということも起こりえます。

それなら、使う分ずつ定期的に売却していけば、積み立て投資と同様に売却価格を平準化できます。

相場を見て悩む必要はありませんし、使わない分は引き続き運用できますから、いいことずくめなのです。

おわりに

○読み終えた「今」が積立投資の始めどき

最後までお読みいただき、ありがとうございました。

本書では、投信の仕組みを初心者の方にもわかりやすいようにできるだけ丁寧に解説し、長期・分散・積立投資による「投資の王道」とはどんなものなのか、具体的に投信をどう選べばよいのかをご紹介しました。本書のとおりにステップをふんでいけば、どんな方でも悩むことなく資産形成をスタートしていただけます。

みなさんの中には、「確かにやり方はわかったけれど、いざ始めようと思うと、いつが始めどきなのか迷ってしまう」という方もいらっしゃるでしょう。

実は、積立投資はいつ始めてもよく、「早く始めるほどよい」のです。

あなたがこれから30年間、毎月積立投資をするなら、３６０回も投資することになります。１回あたりの基準価額は３６０分の１しか影響しないのですから、積立には「始めどき」はなく、いつスタートしても構いません。そして言うまでもないことですが、積立投資は早く始めれば始めるほど投資元本を多く、運用期間を長くすることができます。

ですから、「始めどきはいつ？」という質問に対する答えは「この本を読み終えた今こそ、投信積立の始めどき」ということになるのです。

最後にみなさんに強くお伝えしておきたいのは、「たとえ相場が急落するようなことがあっても、積立投資をやめることなく、長く続けていただきたい」ということです。

長期にわたって投資を続けていけば、相場急落に遭遇することは避けられません。過去20年ほどを振り返っても、２００１年には「インターネットバブル崩壊」があり、２００６年には「ライブドア・ショック」が、２００７年には「サブプライムショック」がありました。２００８年に、１００年に一度の津波とも呼ばれた「リーマン・ショック」が起きたことはみなさんよくご存じでしょう。さらに２０１０年には「アラブの春」が発生し、２０１１年には日本を東日本大震災が襲い、欧州債務危機も起きました。

そして２０２０年、本書執筆時には新型コロナウイルスが世界で猛威をふるい、経済活動を停滞させ、マーケットにも襲いかかっています。

おそらくこの先も、こういった「予期せぬ出来事」は何度も起こるでしょう。

しかし本書をお読みいただいたいま、マーケットの急落に慌てる必要がないことは十分におわかりいただけたのではないかと思います。いつ、どのような状況にあっても、私たちがとるべき姿勢は一貫しています。資産運用の目標を定め、適切な資産配分を考え、的確な投信を選んだら、「長期・分散・積立投資」を継続するだけなのです。

みなさんが心穏やかに資産形成に取り組み、豊かな人生を築いていかれることを願ってやみません。

著者

[著者]

朝倉智也（あさくら・ともや）

モーニングスター株式会社　代表取締役社長

1966年生まれ。89年慶應義塾大学文学部卒。銀行、証券会社にて資産運用助言業務に従事した後、95年米国イリノイ大学経営学修士号取得（MBA）。同年、ソフトバンク株式会社財務部にて資金調達・資金運用全般、子会社の設立、および上場準備を担当。98年モーニングスター株式会社設立に参画し、2004年より現職。第三者投信評価機関の代表として、常に中立的・客観的な投資情報の提供を行い、個人投資家の的確な資産形成に努める。

主な著書に、『「つみたてNISA」はこの７本を買いなさい』『ETFはこの７本を買いなさい』『一生モノのファイナンス入門』（以上、ダイヤモンド社）、『「iDeCo」で自分年金をつくる』（祥伝社新書）、『お金の未来年表』（SB新書）など多数。

全面改訂　投資信託選びでいちばん知りたいこと

2020年６月３日　第１刷発行
2021年３月26日　第２刷発行

著　者——朝倉智也
発行所——ダイヤモンド社
〒150-8409　東京都渋谷区神宮前6-12-17
https://www.diamond.co.jp/
電話／03･5778･7233（編集）　03･5778･7240（販売）

装丁————萩原弦一郎（256）
本文デザイン&DTP—大谷昌稔
カバー・本文イラスト—坂木浩子（ぽるか）
編集協力——千葉はるか
製作進行——ダイヤモンド・グラフィック社
印刷————新藤慶昌堂
製本————川島製本所
編集担当——高野倉俊勝

ISBN 978-4-478-11047-8